Einleitung

KRAKAU
Ein Führer durch Symbole, Sehenswürdigkeiten und Attraktionen

Grzegorz Gawryluk

Die Stadt **Krakau**, deren Name von dem legendären König Krak stammt, ist eine der ältesten, größten und schönsten Städte Polens. Als Wiege der polnischen Kultur und des polnischen Staatswesens, ein Wissenschafts- und Kulturzentrum mit reicher, tausendjähriger Geschichte, Hauptstadt Polens und Sitz der Könige war sie Schauplatz zahlreicher wichtiger Ereignisse. Das einzigartige Antlitz Krakaus gestalteten in der Vergangenheit große Gelehrte und bekannte Künstler, deren Begabung und Vorstellungskraft wir das reiche Erbe an unikalen historischen Objekten verdanken, die die wichtigsten Richtungen in der europäischen Kultur widerspiegeln.

Die Hauptstadt Kleinpolens (Małopolska) hat ein besonderes, einzigartiges Klima und Geschichte und Tradition verflechten sich hier in allen Lebensbereichen und bilden ein harmonisches Ganzes mit der Gegenwart. Heute übt die Stadt eine wichtige touristische, kulturelle, edukative und wirtschaftliche Rolle aus und ihre größte Attraktion sind die Baudenkmäler. Das reichhaltige touristische Angebot ergänzen die zahlreichen Museen, Theater, Galerien, die Philharmonie und die Oper. Eine besondere Attraktion sind auch die unzähligen Cafes, Pubs und Restaurants, wo man – in den schönen, stilvoll eingerichteten Sälen – nicht nur gut essen, sondern auch relaxen kann.

Im Wappen Krakaus sieht man das einladend geöffnete Tor, ein Zeichen dafür, dass diese ungewöhnliche und herrliche Stadt heute, wie vor Jahrhunderten ihre Gäste freundlich einlädt und begrüßt. Zu einer Kostprobe der in unserem Führer vorgestellten Symbole, Sehenswürdigkeiten und Attraktionen laden auch wir – der Verlag GAUSS – ein.

2 Altstadt

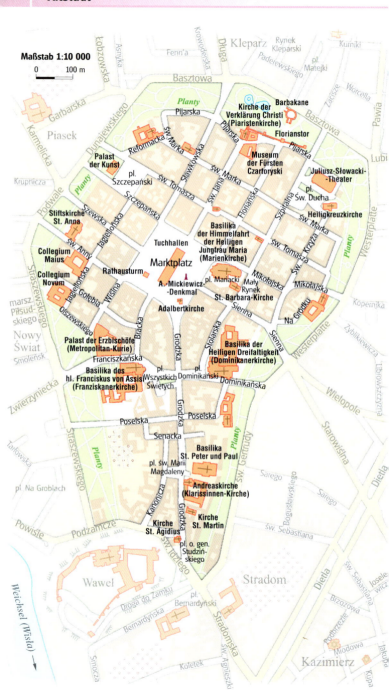

Altstadt

Die **Altstadt Krakaus**, deren architektonische Anlage sich seit dem Mittelalter nicht verändert hat, wurde 1978 auf die Liste des Weltkultur- und Naturerbes der UNESCO eingetragen. Dazu gehört die auf der Grundlage des Magdeburger Rechts 1257 vom Fürst Boleslaus dem Schamhaften gegründete Stadt Krakau und die frühmittelalterliche Siedlung Okół, die in der ersten Hälfte des 14. Jh. der Stadt einverleibt wurde. Krakau hatte zu seiner Gründungszeit eine kreisähnliche Form, in der Mitte lag der Marktplatz und im Süden endete er etwa in der Gegend der heutigen Ulica Poselska. Im Süden der heutigen Altstadt, von der Poselska bis zum Wawel-Hügel lag die selbständige Siedlung Okół, deren Hauptstraßen die heutigen Grodzka und Kanonicza waren. Nachdem die Siedlung Krakau eingegliedert wurde, wurden die Wehrmauern, die sie von der Stadt trennten abgetragen. Es entstand ein Stadtorganismus, der nun durch eine Festungsanlage geschützt wurde. In dieser Form blieb Krakau bis Ende des 18. Jh., als weitere Städte dazukamen, u.a. Kazimierz und Kleparz. Anfang des 19. Jh. wurden die zerschlissenen Stadtmauern abgetragen, an ihrer Stelle wurde der Parkgürtel „Planty", der die Altstadt umsäumt, angelegt. Zu den wichtigsten Baudenkmälern der Krakauer Altstadt gehören heute die Marienkirche, die Tuchhallen und das Rathaus auf dem Marktplatz sowie die Reste der Wehrmauern – das Florianstor und die Barbakane.

Der Marktplatz ist der schönste und größte Platz Krakaus

Der **Marktplatz** ist nicht nur schönster und größter Platz Krakaus, sondern auch größter mittelalterlicher Marktplatz Europas. Der quadratische Markt – 200 x 200 m – entstand in der Gründungszeit Krakaus im Jahre 1257 und wurde damals – ähnlich wie die schachbrettartige Stadtanlage – an die bestehenden architektonischen Gegebenheiten, d.h. an die Strassen Grodzka, die Marienkirche und die Adalbert-Kirche angepasst (daher steht die Kirche quer zum Markt). Einst standen auf dem Markt zahlreiche Bauten, u.a. das Rathaus, die Stadtwache, die Kleine und Große Waage, Verkaufsstände und der Pranger. Heute wird der Blick des Besuchers von den Tuchhallen, von der Adalbert-Kirche, vom Rathaus--Turm, vom Adam-Mickiewicz-Denkmal und seit einigen Jahren auch

Altstadt

Die Tuchhallen gehören zu den prägnantesten und erkennbarsten Wahrzeichen Krakaus

von der Skulptur
von Igor Mitoraj *Eros
bendato* angezogen.

In der Vergangenheit war der Marktplatz Schauplatz zahlreicher wichtiger Ereignisse und historischer Feierlichkeiten, woran eingemauerte Tafeln erinnern (Preußischrer Lehnseid 1525, Kościuszko-Aufstand 1794, Beitritt Polens in die Europäische Union 2001). Den Markt umsäumen über vierzig historische Häuser und Paläste, die meistens aus dem Mittelalter stammen. Untergebracht sind darin u.a.: Das Historische Museum der Stadt Krakau (Nr. 35), das Internationale Kulturzentrum (Nr. 25), Banken, Geschäfte und zahlreiche Restaurants, Pubs und Cafes.
Die bekanntesten Gaststätten, die unbedingt erwähnt werden müssen, sind die Restaurants: *Wierzynek* (Nr. 15), *Hawełka* (Nr. 34), *Redolfi* (Nr. 38) und *Loża* (Nr. 41), der Klub pod Jaszczurami (Nr. 8), der Keller zu den Widdern (Piwnica pod Baranami; Nr. 27) und das Cafe *Vis a Vis* (Nr. 29).

Heute ist der Marktplatz mit seiner einmaligen Stimmung und seiner außerordentlichen historischen, kulturellen und sozialen Bedeutung ein natürliches Zentrum, nicht nur der Altstadt, sondern ganz Krakaus. Der Markt ist die Bühne vielfältiger wichtiger und weniger wichtiger Events, wie Konzerte, Sommerfestivals, Messen und Aufführungen. Es ist auch ein ganz wichtiger Anlaufpunkt für unzählige Touristen und Spaziergänger und ein Ort, an dem seit fast fünfhundert Jahren Blumen verkauft werden.

Unter dem Marktplatz wurde im Herbst 2010 ein unterirdisches Museum eröffnet, das größte dieser Art in Europa, vermutlich auch weltweit. Untergebracht wird dort eine Ausstellung über die mittelalterliche Geschichte der Stadt.

Die in der Mitte des Marktplatzes befindlichen **Tuchhallen** gehören zu den prägnantesten und erkennbarsten Wahrzeichen Krakaus. Entstanden sind sie im 13. Jh., während der Regierungszeit des Fürsten Boleslaus des Schamhaften. Ursprünglich waren es beidseitig

Maskarone an der Attika der Tuchhallen

Altstadt

einer Allee aneinandergereihte steinerne Verkaufsstände. Im 14. Jh. wurden sie vom König Kasimir dem Großen im gotischen Stil ausgebaut und modernisiert. Sie bekamen die Form eines gemauerten dreischiffigen, 108 m langen Gebäudes mit zwei Verkaufsstandreihen, die 1555 teilweise einem Brand zum Opfer fielen. Unter der Bauleitung von Meister Pankraz entstand 1556–1559 das im Stil der Renaissance gestaltete Gebäude mit der charakteristischen Attika und den Maskaronen – den von Santi Gucci entworfenen, geschnitzten Köpfen der damaligen Krakauer Kaufleute. Die Säulenloggien entwarf Giovanni Maria Padovano. Angebaut wurden damals auch die Treppenaufgänge mit den kleinen Terrassen an der Süd- und Nordseite.

Die heutigen Tuchhallen wurden von Tomasz Pryliński entworfen, er veranlasste, dass in der 2. Hälfte des 19. Jh. beidseitig neogotische Arkaden angebaut und im Inneren zwei Reihen Verkaufsstände aus Holz aufgestellt wurden. Über den Ständen wurden Wappen polnischer Städte, Kaufmanns- und Innungswappen angebracht.

Im Obergeschoss der Tuchhallen befindet sich die Filiale des Nationalmuseums, wo Werke herausragendster polnischer Maler des 19. Jh. ausgestellt sind. Im Erdgeschoss kann man – wie schon vor Jahrhunderten – Erzeugnisse Krakauer Handwerker kaufen und bei einem Plausch im berühmten Cafe *Noworolski* relaxen.

Der **Rathausturm** in der südwestlichen Ecke des Marktplatzes ist ein Teil des Rathauses, der an der Wende des 13. und 14. Jh. gebaut wurde und parallel zu den Tuchhallen stand. Der Turm aus dem 14. Jh. hat einen quadratischen Grundriss. Den gotischen, 70 m hohen Ziegel- und Steinbau bedeckt ein Helm aus dem 18. Jh. Die Abweichung vom Lot liegt bei 50 cm. Am Eingang, der von zwei Löwen bewacht wird, sieht man ein gotisches Portal mit den Wappen Krakaus und Polens, im Erdgeschoss kann man hingegen einige unikale Gemerke der Krakauer Steinmetze von 1444 besichtigen. Im Inneren des Rathauses befindet sich eine Filiale des Historischen Museums mit Ausstellungsstücken zur Stadtgeschichte. Im unterirdischen Gewölbe, wo sich einst das Stadtgefängnis, die Folterkammer und eine Bierstube befanden, haben sich heute eine Filiale des Volkstheaters (Bühne unterm Rathaus) und ein stilvolles Cafe angesiedelt. Es lohnt sich, auf den Turm zu steigen, um das Altstadtpanorama zu bewundern.

Die kleine und schlichte **Adalbertkirche**, die als eine der ältesten in Krakau gilt, steht in der südlichen Ecke des Marktplatzes, am Auslauf der Ulica Grodzka. Die erste Kirche aus Holz entstand um die Wende des 10. und 11. Jh., an einer Stelle, wo der heilige Adalbert gepredigt haben soll. Die heutige romanische,

Der Rathausturm ist ein Überbleibsel des gotischen Rathauses

Die Adalbertkirche gilt als eine der ältesten Kirchen in Krakau

Altstadt

Denkmal des polnischen Nationaldichters Adam Mickiewicz

einschiffige Kirche mit dem viereckigen Presbyterium wurde Anfang des 12. Jh. aus Steinwürfeln gebaut. Aus dieser Zeit stammen u.a. das Portal und die Fenster. Im 17. und 18. Jh. wurde die Kirche im barocken Stil umgebaut. Aufgestockt wurden damals die Mauern, die Kirche bekam eine barocke Kuppel und einen neuen Eingang im Westen, angebaut wurde die Sakristei und die Kapelle des gebenedeiten Wincenty Kadłubek. Sehenswert sind im Inneren das gotische Kruzifix im Kreuzbalken aus dem 15. Jh., das Bildnis des hl. Adalbert aus dem 17. und Engelsfiguren aus dem 18. Jh. Unterhalb der Kirche befindet sich die Ausstellung „Geschichte des Krakauer Marktplatzes".

Das **Adam-Mickiewicz-Denkmal**, das von den Krakauern „Adaś" genannt wird, steht gegenüber dem Auslauf der Ulica Sienna. Das von Teodor Rygier entworfene Monument wurde 1898 zum 100. Geburtstag des Dichters enthüllt. Während des 2. Weltkrieges wurde es zerstört und 1955 zum 100. Todestag des Dichters erneut enthüllt.

Die auf einem hohen Sockel stehende Figur von Mickiewicz umringen vier Figuren. Die Frau mit dem Adler symbolisiert die Heimat, der alte Mann – die Wissenschaft, der Jüngling mit Schild und Schwert den Mut und die Frau mit der Leier die Dichtung.

Die **Basilika der Himmelfahrt der Heiligen Jungfrau Maria (Marienkirche)** am Plac Mariacki ist eine der wichtigsten und schönsten Kirche Krakaus. Die erste gemauerte Kirche im romanischen Stil wurde vom Krakauer Bischof Iwo Odrowąż in der 1. Hälfte des 13. Jh. gestiftet. 1290–1300 wurde an der Stelle der ersten, von den Mongolen zerstörten Kirche eine frühgotische, zweitürmige

Die Marienkirche ist eine der wichtigsten und schönsten Kirchen Krakaus

Hallenkirche errichtet. Mitte des 14. Jh. entstand das heutige Presbyterium und gegen Ende des 14. Jh. wurde die Kirche in eine gotische dreischiffige Basilika umgestaltet. Im 15. Jh. wurden an den äußeren Mauern der Seitenschiffe Kapellen angebaut, die von reichen Bürgern gestiftet wurden, womit die Kirche beinahe das heutige Aussehen bekam.

Die Fassade besteht aus zwei Türmen unterschiedlicher Höhe. Der höhere (82 m) hat einen quadratischen Grundriss, der in der neunten Etage achteckig wird. Der gotische Helm dieses Turms – „Hejnalica" – stammt von 1478. Der Helm besteht aus einer oktogonalen, scharfen Nadel mit einer goldenen Marienkrone

Altstadt

von 1666 und ist von acht kleineren Türmchen umsäumt. Morgens und abends blies ein Trompeter von der Hejnalica ein Signal, das zum Öffnen und Schließen der Stadttore mahnte und vor Feuer und Einzug feindlicher Truppen warnte. Heute wird dieses Signal, dass auch zu den Wahrzeichen Krakaus gehört, stündlich geblasen. Die Melodie bricht abrupt ab – als Andenken an den Trompeter, der von einem feindlichen Pfeil tödlich verletzt wurde. Im Sommer kann man die 239 Treppen hochsteigen und von dem Raum der Trompeter, der 54 m über der Erde liegt, das Panorama der Altstadt bewundern. Der niedrigere, der Glockenturm (69 m), birgt unikale fünf Glocken aus dem Mittelalter. Der Turm hat einen quadratischen Grundriss und mehrere Etagen. Bedeckt ist er mit einem Helm aus der Spätrenaissance (1592), den vier kleine Türmchen umringen. Im Obergeschoss befindet sich die Renaissance-Kapelle der Bekehrung des hl. Paul. Mit den Türmen der Marienkirche ist eine Volkserzählung verknüpft. Sie erzählt von zwei Brüdern, die sie gebaut haben. Der eine Bruder soll nach der Beendigung der Bauarbeiten an dem höheren Turm seinen Bruder aus Angst, dass sein Turm genauso hoch wird, umgebracht haben. Der niedrigere Turm wurde nicht hochgezogen, bekam eine Kuppel und der Meuchelmörder hat Selbstmord begangen, weil ihn

Szene der Einschlafung Marias in der Marienkirche

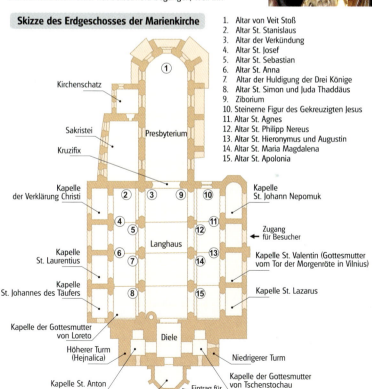

Skizze des Erdgeschosses der Marienkirche

1. Altar von Veit Stoß
2. Altar St. Stanislaus
3. Altar der Verkündung
4. Altar St. Josef
5. Altar St. Sebastian
6. Altar St. Anna
7. Altar der Huldigung der Drei Könige
8. Altar St. Simon und Juda Thaddäus
9. Ziborium
10. Steinerne Figur des Gekreuzigten Jesus
11. Altar St. Agnes
12. Altar St. Philipp Nereus
13. Altar St. Hieronymus und Augustin
14. Altar St. Maria Magdalena
15. Altar St. Apolonia

Altstadt

Das Presbyterium der Marienkirche

Der Altar von Veit Stoß – ein bildhauerisches Meisterwerk aus der Spätgotik

Gewissensbisse quälten. In der Fassade befindet sich ein großes spitzbogiges Fenster. Die Kirchenvorhalle, die vom Marktplatz in die Kirche führt, wurde 1750–1753 von Francisco Placidi erbaut.

Das Innere der Basilika beherrschen barocke Werke, welchen im 18. Jh. die ursprüngliche, gotische Ausstattung wich. Die heutigen Decken- und Wandmalereien fertigten gegen Ende des 19. Jh. Jan Matejko und seine Schüler, u.a. Stanisław Wyspiański und Józef Mehoffer an, die ebenfalls Autoren der Glasmalereien im Presbyterium und über dem Chor sind. Das 28 m hohe Langhaus mit dem Kreuzrippengewölbe bildet mit den beiden Seitenschiffen und den angeschlossenen Kapellen eine vierjochige Basilika. In den Seitenschiffen sind die barocken Altäre sehenswert, darunter der das südliche Seitenschiff abschließende Altar mit dem wunderschönen steinernen Kruzifix von Veit Stoß (90er Jahre des 15. Jh.). Daneben steht das Ziborium aus der Renaissance, das 1551–1554 von Giovanni Maria Padovano angefertigt wurde.

Das zweite unikale Kruzifix, das von einem Schüler von Veit Stoß stammt, befindet sich auf dem Kreuzbalken, der das Langhaus mit dem Presbyterium verbindet. Das Presbyterium hat ein Sterngewölbe, das mit den Wappen Polens, Krakaus und dem Wappen des Bischofs Iwo Odrowąż versehen ist. Das Presbyterium schließt die Apsis mit den schmalen, spitzbogigen, bemalten Fenstern aus dem 14. Jh., den ältesten in Polen ab. Sehenswert sind im Presbyterium das beidseitig aufgestellte frühbarocke mit Baldachinen überdachte Chorgestühl und die Grabstätten der reichen bürgerlichen Familien Montelupi und Cellari. Das kostbarste bildhauerische Meisterwerk ist jedoch der spätgotische, aus dem 15. Jh. stammende **Altar von Veit Stoß** (1477–1489). Der aus Nürnberg stammende Bildhauer wurde von den Krakauer Ratsherren eingeladen. Die Konstruktion des Pentaptychons – eines Schreinaltars – mit den Maßen von 11 m x 13 m – besteht aus Eichenholz und setzt sich aus dem mittleren Teil und zwei Flügelpaaren zusammen. Im Altar befinden sich etwa 200 Figuren aus weichem Lindenholz. Sie sind bemalt und vergoldet, die größten sind fast 3 m hoch. Der mittlere Teil stellt zwei realistische Szenen dar – die Einschlafung Marias – in Begleitung von zwölf Aposteln und die Himmelfahrt in Begleitung von Engeln. In der Bekrönung befindet sich die Szene der Krönung der heiligen Jungfrau Maria durch die Heilige Dreifaltigkeit in Begleitung der Schirmherren

Polens, der hl. Adalbert und Stanislaus. Auf den beweglichen Altarflügeln sieht man 18 Szenen auf Flachreliefs. Im geöffneten Zustand zeigen sie die „Sechs Freuden Marias", im geschlossenen – zwölf Szenen aus dem Leben Marias und Christus.

Die **St. Barbara-Kirche** steht am Plac Mariacki (Mały Rynek 8), in direkter Nähe zur Marienkirche. Sie entstand 1338–1402 als eine Friedhofskapelle, da sich auf diesem Gelände Jahrhunderte lang ein Friedhof befand. Die heutige, barocke Form der einschiffigen Kirche mit der halbrunden Apsis auf der Seite des Kleinen Marktes ist das Ergebnis des im 17. Jh. vorgenommenen Umbaus. Bedeckt ist sie mit einem Satteldach mit einem Uhrentürmchen. Neben dem Eingang befindet sich eine mit der Vorhalle verbundene Friedhofskapelle, der sog. Garten Getsemani, die um die Wende des 15. und 16. Jh. gebaut und mit üppigen Steindekorationen versehen wurde. In der Außenwand der Kirche sind zahlreiche Epitaphe zu sehen, im unterirdischen Gewölbe ist Jakub Wujek, der Autor der ersten polnischen Bibelübersetzung bestattet.

Das barocke Innere entstand infolge des in der 2. Hälfte des 17. Jh. erfolgten Umbaus, es wurde aufgestockt und erhielt ein neues Tonnengewölbe. Hervorstechend ist in der 1760–1767 entstandenen Ausstattung die Deckenmalerei von Franciszek Ignacy Molitor und die Stuckdekoration. Sehenswert sind im Hauptaltar das aus dem 15. Jh. stammende gotische Kruzifix und die barocken Figuren. Links vom Eingang, in der Kapelle der Schmerzhaften Gottesmutter ist das Bildnis der Gottesmutter von Jurowice aus der 1. Hälfte des 16. Jh. zu sehen, das als wundertätig gilt. Sehenswert sind die Gemälde von Tomaso Dolabella in den Seitenaltären und an den Wänden. Im Süden schließt sich an die Kirche ein Jesuitenkloster an.

St. Barbara-Kirche. Im Inneren ist die Deckenmalerei besonders sehenswert

Die **Basilika der Heiligen Dreifaltigkeit (Dominikanerkirche)**

in der Ulica Stolarska 12 – die erste romanische Kirche an dieser Stelle – wurde den Dominikanern vom Krakauer Bischof Iwo Odrowąż übergeben, der den Orden 1221 nach Polen einlud. Die neue, gotische Kirche und das Kloster errichteten die Dominikaner nach dem Mongolenangriff im Jahre 1241. Ursprünglich war es eine dreischiffige Hallenkirche, die um die Wende des 14. und 15. Jh. die Form einer Basilika erhielt. 1850, während eines großen Brandes in Krakau wurde die gesamte Ausstattung der Kirche vom Feuer verzehrt. Restauriert wurde sie in der 2. Hälfte des 19. Jh. Unter

Altstadt

der Leitung von Teofil Żebrawski. Die heutige gotische Kirche weist auch neogotische Merkmale auf. Das verlängerte Presbyterium schließt mit einer geraden wand ab, das dreischiffige Kircheninnere ist fünfjochig. Im Presbyterium befinden sich Grabplatten des Krakauer Fürsten Leszek Czarny, des herausragenden Humanisten Philipp Kallimach (Entwurf von Veit Stoß) und das Epitaph von Iwo Odrowąż.

Die Kirche ist von zahlreichen Kapellen umsäumt, die von reichen Familien gestiftet wurden. Besondere Aufmerksamkeit verdient die aus dem 17. Jh. stammende Kapelle des hl. Hyazinth, des Mitbegründers und des ersten Klostervorstehers. Die mit einer Kuppel bedeckte Kapelle mit dem Sarkophag des Heiligen dekorieren Stuckplastiken von Balthasar Fontana, Wandmalereien von Karol Dankwart und Gemälde von Tomaso Dolabella. Die Fassade krönt ein stufenartiger Giebel mit Pinakeln, Blenden und steinernen Wappenschildern, darunter sieht man ein sehr großes spitzbogiges Fenster. In die Kirche gelangt man durch die neogotische Vorhalle mit einem Portal vom Ende des 14. Jh. im Norden schließt sich der Kirche eine um drei Innenhöfe versammelte Klosteranlage an, die als eine der schönsten in Krakau gilt. In den Kreuzgängen aus dem 14. Jh. sind zahlreiche Epitaphe, Grabstätten, Denkmäler und Gemälde zur Geschichte des Ordens erhalten.

In der Basilika der Hl. Dreifaltigkeit ist die St. Hyazinth-Kapelle aus dem 17. Jh. besonders sehenswert

Bemaltes Fenster mit Vater Gott im Moment der Erschaffung der Erde

Die **Basilika des hl. Franciskus von Assisi (Franziskanerkirche)** am Plac Wszystkich Świętych 5, wurde 1237–1269 aus der Stiftung des Fürsten Boleslaus des Schamhaften für den Mitte des 13. Jh. vom Fürsten Heinrich dem Frommen aus Prag nach Krakau geholten Franziskanerorden errichtet. Sie ist eine der ersten Backsteinbauten in Krakau. In der Vergangenheit fiel sie zahlreichen Bränden zum Opfer, so wurde sie mehrmals in unterschiedlichen Baustilen neu errichtet. Die heutige Kirche hat den Grundriss eines griechischen Kreuzes und weist gotische und neugotische Merkmale auf. Sie besteht aus einem vierjochigen Langhaus, einem Transept und einem mit einer dreiseitigen Apsis abgeschlossenen Presbyterium sowie aus einigen anliegenden Seitenkapellen. Um die Wende des 19. und 20. Jh. wurde sie nach einem großen Brand in Krakau gründlich renoviert, wonach ihr Inneres eine neogotische Ausstattung erhielt. Besondere Aufmerksamkeit verdienen die Wandmalereien und die bemalten Fenster von Stanislaw Wyspiański. Das Transept und das Presbyterium schmücken farbige Malereien, hauptsächlich mit Pflanzenmotiven.

Altstadt 11

Im Presbyterium befinden sich auch Fenstermalereien mit den Darstellungen des hl. Franziskus, der gebenedeiten Salome und der vier Elemente: Luft, Wasser, Feuer und Erde. Im westlichen Fenster, gleich über dem Chor befindet sich die schönste Glasmalerei von Wyspiański – Vater Gott im Moment der Erschaffung der Erde. Die Wandmalereien im Langhaus stammen von Tadeusz Popiel.

Die Basilika St. Franziskus von Assisi schmücken Gemälde und Glasmalereien von Stanisław Wyspiański

Der Kirche schließen sich drei Kapellen an: die Kapelle der gebenedeiten Salome mit ihren Reliquien und den sterblichen Überresten des Königs Boleslaus des Schamhaften, die Kapelle der Passion Christi mit den von Józef Mehoffer gemalten Leidensstationen und dem Grab der der gebenedeiten Aniela Salawa und der Schmerzhaften Gottesmutter.

Im Süden schließen sich an die Kirche die Klostergebäude der Franziskaner an, die aus dem 14. und 15. Jh. stammen. Die Kreuzgänge schmücken Fresken aus dem 15. Jh. und Porträts der Krakauer Bischöfe.

In dieser Kirche, die einst zu den Lieblingskirchen von Karol Wojtyła gehörte, ist auf der Bank, in der er betete eine kleine Gedenktafel angebracht.

Der **Palast der Erzbischöfe (Metropolitan-Kurie)** in der Ulica Franciszkańska 3 ist seit dem 14. Jh. Sitz der Krakauer Bischöfe. Er wurde in der Vergangenheit oft aus- und umgebaut. Das heutige Aussehen des Palastes stammt aus dem 19. Jh., erhalten sind Elemente aus der Renaissance und dem Barock (u.a. das Portal am Eingangstor). Von 1964 bis 1978 – von seiner Wahl zum Bischof bis zur Ernennung zum Papst wohnte dort Karol Wojtyła. Er hielt sich dort auch während seiner Krakaubesuche als Johannes Paul der II. auf. Er stand am „päpstlichen Fenster" und führte mit den unten

Der Palast des Erzbischofs ist Sitz der Krakauer Bischöfe seit dem 14. Jh.

Altstadt

Das „Papstfenster", an dem sich Johannes Paul II. inoffiziell mit den Gläubigen traf

auf der Strasse versammelten Gläubigen inoffizielle, spontane und unvergessliche Gespräche. „Falls jemand fragt – Franciszkańska 3" – sagte er vom Fester während seiner letzten Wallfahrt nach Polen im Jahre 2002. Kurz vor und nach dem Tod des Papstes versammelten sich dort viele Menschen, sie beteten, legten Blumen nieder und zündeten Kerzen an. Gegenwärtig finden an dem mit dem Bildnis des Papstes versehenen „päpstlichen Fenster" Wachen und Konzerte statt.

Im Innenhof steht ein Johannes Paul dem II. gewidmetes Denkmal, das am 18. Mai 1980, zu seinem 60. Geburtstag enthüllt wurde.

Das **Collegium Maius** in der Ulica Jagiellońska 15, ist das älteste Universitätsgebäude in Polen. Das Haus an der Ecke der Strassen Jagiellońska und Św. Anny wurde der Universität 1400 vom König Władysław Jagiełło geschenkt. Im 15. Jh. wurde die Universität sukzessiv erweitert, erworben wurden weitere Gebäude, es entstanden auch neue Anbauten. Nach den Bränden von 1462 und 1492 wurden alle Bauten miteinander verknüpft. In dieser Zeit entstand der Arkaden-Innenhof mit den Säulengängen mit spätgotischem Kristallgewölbe und einem Gang im Obergeschoss, zu dem die „Professorentreppe" führt. Im Erdgeschoss befinden sich die Lesesäle, im Obergeschoss die Libraria (Bibliothek), der Gemeinderaum, die Aula und die Schatzkammer. Die Fassade in der Jagiellońska mit den gotischen Giebeln schmückt ein Erker und ein gotisches Portal, der zum Innenhof mit dem Brunnen aus dem 16. Jh. führt. Heute ist im Collegium Maius das Museum der Jagiellonen-Universität untergebracht, wo mit der Geschichte der Hochschule verbundene Gegenstände sowie astronomische Geräte ausgestellt sind. Die Räume dienen auch als Repräsentationssäle – es finden dort wissenschaftliche Konferenzen, die Sitzungen des Senats der Jagiellonen-Universität und Begegnungen mit wichtigen Gästen statt.

Spätgotischer Arkaden-Innenhof im Collegium Maius

Altstadt

Eine große Attraktion ist die täglich zwischen 9.00 und 17.00 Uhr alle zwei Stunden eingeschaltete Spieluhr mit beweglichen Figuren, die Persönlichkeiten darstellen, die mit der Jagiellonen-Universität verbunden waren.

Das **Collegium Novum** in der Ulica Gołębia 24 entstand 1883–1887 nach dem Entwurf von Feliks Księżarski an der Stelle

Das Collegium Novum ist heute Hauptsitz der Universität

der abgetragenen Studentenwohnhäuser. Die neogotische Fassade beherrschen die spitzbogigen Arkaden der Tore und fünf große Fenster. Im oberen Teil der Fassade sieht man die Wappen der Jagiellonen-Universität und ihrer spendabelsten Stifter. In der Aula, die mit Porträts der berühmtesten Professoren geschmückt ist, finden jedes Jahr Inaugurationsfeierlichkeiten statt.

Das Collegium Novum ist heute das Hauptgebäude der Universität, untergebracht sind dort das Rektorat, die Dekanate, die Verwaltungsbüros, die Professorenzimmer und Lesesäle.

Im 2. Weltkrieg, am 6. November 1939, haben die Nazis die sog. Sonderaktion Krakau durchgeführt, die die Ausrottung der polnischen Wissenschaftler zum Ziel hatte. Im Saal Nr. 56 in der 2. Etage wurden damals 183 Professoren und wissenschaftliche Mitarbeiter der Krakauer Hochschulen verhaftet und in Konzentrationslager gebracht.

Die **Stiftskirche St. Anna** in der Ulica Św. Anny 11 gehört zur Jagiellonen-Universität und zu den schönsten barocken Bauten in ganz Polen. Die erste, aus Holz erbaute Kirche stand an dieser Stelle bereits im 14. Jh. Nach dem Brand von 1407 stiftete König Władysław Jagiełło eine gemauerte Kirche im gotischen Stil, die im 16. Jh. zur Stiftskirche erhoben wurde. Die heutige, barocke Kirche entstand an der Stelle der abgetragenen gotischen Kirche 1689–1703, nach

Teil des Gewölbes in der St. Anna-Kirche

Altstadt

Die Stiftskirche St. Anna gehört zur Jagiellonen-Universität

dem Entwurf des holländischen Architekten Tillman von Gameren. Die dreischiffige Basilika hat ein Transept, ein gerade abgeschlossenes Presbyterium und einen Grundriss in Form eines Kreuzes. Das Langhaus bedeckt ein Tonnengewölbe und eine Kuppel am Berührungspunkt mit dem Transept. In den Seitenschiffen befinden sich sechs Kapellen, jeweils drei auf einer Seite. Die Fassade bekrönen zwei Türme mit spätbarocken Helmen, die vom Priester Sebastian Sierakowski entworfen wurden. Im Inneren herrscht eine Üppigkeit an barocken Dekorationen, Skulpturen und Reliefs, deren Autor der italienische Bildhauer Balthasar Fontana war. Die zahlreichen Gemälde stammen von den Brüdern Karl und Innocenti Monti aus Italien und von Karl Dankwart aus Schweden. Den Hauptaltar beherrscht das Gemälde von Jerzy Siemiginowski-Eleuter, dem Hofmaler des Königs Jan III. Sobieski mit der Darstellung der hl. Anna Selbdritt. Im rechten Teil des Transepts befindet sich der Confessio-Altar des hl. Jan Kanty, des Schirmherren der Jagiellonen-Universität, mit seinen sterblichen Überresten.

Die Orgel aus dem 18. Jh. hat einen wunderschönen Klang, sehenswert ist auch die Kanzel von 1720. Zum Studienjahrbeginn finden hier feierliche Einweihungsmessen statt.

Der Palast der Kunst ist eine Nachbildung des berühmter Wiener Jugendstilhauses

Palast der Kunst

am Plac Szczepański 4, ist eine Nachbildung des berühmter Wiener Jugendstilhauses. Er entstand 1898–1901 nach dem Entwurf von Franciszek Mączyński. Das Gebäude schmücken ein dekorativer Fries von Jacek Malczewski, die Büsten von Jan Matejko (vom Plac Szczepański) und Stanisław Wyspiański (vom Grüngürtel Planty) und andere Steindekorationen, unter anderem Darstellungen der Musen, des Pegasus und Personifizierungen der sechs Tugenden. Die Fassade schmückt ein Portikus mit zwei Säulen, und der Figur Apollos in einer Sonnen--Aureole.

Der Palast ist heute Sitz der Gesellschaft der Freunde der Schönen Künste und einer Kunstgalerie, wo Ausstellungen von Gemälden, Skulpturen und Grafiken sowie Kunstauktionen stattfinden.

Kirche der Verklärung Christi (Piaristenkirche), in der Ulica Pijarska 2, ist ein spätbarocker, 1714–1728 nach dem Entwurf des Krakauer Architekten Kacper Bażanka entstandener Bau. 1759–1761 entstand die schöne dreistöckige, von Francesco Placidi entworfene Fassade mit einem zarten Giebel und einem Uhrenturm. In die Kirche führt eine Treppe mit einem Podest, zwischen den Treppen befindet sich das Portal, das in die Eingangshalle führt. Über dem Eingang befindet sich die Büste des Priesters Stanisław Konarski, der Piarist und Reformator des polnischen Schulwesens war. Das einschiffige Innere ist mit einem starken Gesims mit dem halbrund abgeschlossenen Presbyterium verbunden. Das Tonnengewölbe des Langhauses bedeckt eine originelle, illusionistische Deckenmalerei von Frantisek Eckstein aus Mähren – ein Himmel voller Heiliger und Engel. Das Langhaus umsäumen Seitenkapellen mit wunderschönen Gemälden aus dem 18. Jh. unter anderem von Szymon Czechowicz und Andrzej Radwański. Auf der rechten Seite des Presbyteriums ist die Urne mit dem Herzen des Priesters Stanisław Konarski eingemauert, darüber steht seine Büste. In der Krypta wird am Karfreitag das Grab Christi aufgebaut.

Das Gewölbe des Langhauses der Piaristenkirche bedeckt eine illusionistische Deckenmalerei, die den Himmel voller Heiliger und Engel darstellt

Das **Museum der Fürsten Czartoryski**, in der Ulica Św. Jana 19 ist eines der ältesten Museen in Polen - im 18. Jh. begann die Fürstin Izabela Czartoryska in Puławy nationale Andenken und Kunstwerke zu sammeln, sie schützte sie so vor Diebstahl und Raub. 1870 wurden die Sammlungen nach Krakau gebracht und 1950 dem Krakauer Nationalmuseum übergeben. Am kostbarsten sind die Bilder *Die Dame mit dem Hermelin* von Leonardo da Vinci und die *Landschaft mit dem barmherzigen Samariter* von Rembrandt. Sie sind Bestand der Abteilung für westliche Malerei im zweiten Stock

Das gemälde von Leonardo da Vinci *Die Dame mit dem Hermelin* ist das wertvollste Exponat im Czartoryski-Museum

Die südliche Perspektive der Floriańska stellen die Türme der Marienkirche dar

Im Mittelbar war für die Erhaltung der Posamentiererbasteil die Innung der Kurzwarenhersteller verantwortlich

des Palastmuseums. Im ersten Stock sind Erinnerungsgegenstände an die polnische Geschichte vom 14. bis zum 17. Jh. und europäische Kunsthandwerkserzeugnisse untergebracht. Die Rüstkammer und die Ausstellung der Sammlungen aus Puławy befinden sich im sog. Kleinen Kloster – in einem Teil des Piaristenklosters, der mit dem Palast durch einen Gang verbunden ist. Im Stadtarsenal, in der Ulica Pijarska 8, befindet sich die Galerie für Antike Kunst. Da das Museum gegenwärtig gründlich renoviert wird, ist es – außer der Ausstellung im Arsenal – für Besucher geschlossen. Die Wiedereröffnung ist für 2017 geplant.

Die **Ulica Floriańska**, eine der bekanntesten und wichtigsten Strassen in der Stadt, gilt auch als die beliebteste Einkaufsmeile. Sie verläuft von der östlichen Ecke des Marktplatzes bis zum Floriantor, das sie im Norden abschließt. Die südliche Perspektive stellen die Türme der Marienkirche dar. Die 335 m lange Strasse entstand 1257 als ein Teil des Königsweges, der zum Wawel führte. 1881 fuhr hier die erste Pferdestraßenbahn und 1901 die erste elektrische Straßenbahn. Die heutige Floriańska, eine Fußgängerpromenade, ist beidseitig eng bebaut. Die Patrizierhäuser sind mit zahlreichen architektonischen Details versehen . An vielen Häusern sind, trotz zahlreicher Modernisierungsmaßnahmen noch viele architektonische Details – gotische Dekorationen und Renaissance-Portale erhalten. Interessanteste historische Bauten sind: das älteste Hotel der Stadt Zur Rosen (Nr. 14), das Pharmazie-Museum der Jagiellonen-Universität (Nr. 25), das Jan-Matejko-Haus, heute eine Filiale des Krakauer Nationalmuseums (Nr. 41) und das legendäre Cafe Michalik-Höhle (Nr. 45).

Den Bau der **Wehrmauern** veranlasste gegen Ende des 13. Jh. der Fürst Leszek Czarny. Das Befestigungssystem Krakaus wurde in der Vergangenheit mehrmals modernisiert, um Anfang des 16. Jh. die Gestalt einer doppelten, 3 km langen Mauer mit 39 Basteien und acht Toren anzunehmen. Das Ganze wurde zusätzlich durch einen 6–10 m breiten und 3,5 m tiefen Wassergraben umsäumt. Die 2,5 m breite und 7 m hohe innere Mauer war mit einer Vormauer umgeben. Jede Bastei wurde von einer Handwerksinnung betreut, die auch die jeweiligen Zunftnamen tragen. Im Sommer kann man den Holzgang, die Basteien und ihre Geschichte kennenlernen, indem man die Besichtigungsroute durchläuft.

Das verwahrloste und ruinierte, keine Wehrfunktionen mehr ausübende Befestigungssystem wurde Anfang des 19. Jh. auf Anordnung der österreichischen Verwaltung abgetragen. Heute sind nur die Barbakane, das Arsenal und ein Teil der Mauer am Floriantor mit der Posamentierer, - Tischler- und Zimmermannbastei erhalten. Im Kloster der Dominikanerinnen ist ein Teil des ältesten Krakauer

Altstadt

Tores – des Metzger-Tores – erhalten. Es ist ein spitzbogiges Portal. Einzige Spuren der mittelalterlichen Befestigungsanlagen sind die steinernen Postamente im Grüngürtel Planty, woran man die einstige Form der Basteien und Tore und ihre Namen sehen kann. Im Sommer lohnt es sich, diese Route durchzuwandern.

> Die Barbakane ist das europaweit am besten erhaltene Objekt der Befestigungsarchitektur dieser Art.

Die **Barbakane** gehört zu den kostbarsten historischen Bauten Krakaus und ist gleichzeitig das größte und europaweit am besten erhaltene Objekt der Befestigungsarchitektur dieser Art. Der gotische Rundbau wurde 1498/1499 zur Herrschaft des Königs Jan Olbracht errichtet. Er ist der nördlichste Teil der mittelalterlichen Befestigungsanlagen zwischen der Ulica Basztowa und dem Florianstor, mit dem er mit dem sog. „Hals" – einem Bauwerk aus zwei Mauern – verbunden war. Die runde Backsteinbastion mit sieben Beobachtungstürmen und 130 Schießscharten auf vier Ebenen hat einen Durchmesser von 24,4 m, die Mauern sind über 3 m stark. Der Bau hat zwei Tore, einen mit einer Zugbrücke über einen 26 m breiten Schutzgraben auf der Seite zu Kleparz, das andere führte nach der Abtragung des „Halses" zum Florianstor. In der Mitte der Barbakane befindet sich ein großer Innenhof, wogegenwärtig Ritterturniere, Konzerte und Ausstellungen stattfinden.

> Das Florianstor ist das einzige, das von den acht mittelalterlichen Befestigungstoren übrig blieb

Die ursprüngliche mittelalterliche Befestigungsanlage hatte acht Tore von denen ein einziges, das **Florianstor** erhalten ist. Erbaut Anfang des 14. Jh., wurde es gegen Ende des 15. Jh. aufgestockt – es erhielt einen aus Backstein gebauten Gang mit Schießscharten. Zusammen mit der mit einer barocken Kuppel bedeckten, viereckigen Kürschnerbastei bildet es einen über 34 m hohen Bau, der die Ulica Floriańska im Norden abschließt. Die Südseite des Florianstores schmücken ein Relief mit der Darstellung des hl. Florian aus dem 18. Jh. und eine neugotische, fein geschnitzte Balustrade am Balkon.

Altstadt

Auf der nördlichen Seite, zur Barbakane hin, sieht man ein aus dem 19. Jh. stammendes Flachrelief mit dem von Jan Matejko entworfenen Piasten-Adler und steinerne Schienen für das Eisengitter, mit dem das Tor abgeschlossen wurde. Im Inneren befindet sich ein kleiner Altar der „Maria auf Sand", der sich bis Anfang des 19. Jh. im Durchgang zur Barbakane befand. Im Obergeschoss versteckt sich eine kleine Kapelle.

Gegenwärtig zeigen Künstler auf der Innenstadtseite mit einer ständigen Freiluftgalerie eigene Werke und Kopien berühmter Gemälde. Die Galerie ist ein fester Bestandteil der Krakauer Landschaft und eine große touristische Attraktion.

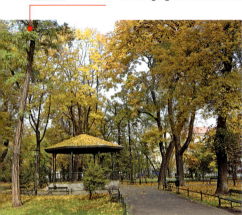

Der Grüngürtel „Planty" entstand an der Stelle der zugeschütteten Stadtmauer

Der Grüngürtel **Planty** ist eine der größten Parkanlagen Krakaus und ein europaweit unikaler Stadtgarten. Sie entstand 1822–1830 dank Feliks Radwański an der Stelle der zugeschütteten mittelalterlichen Wehrmauer. Die Bauleitung übernahm später Florian Straszewski, er verlieh der Parkanlage die endgültige Form. Der Name geht auf das polnische Wort „ebnen – plantowanie" zurück. Der Gürtel umgibt die ganze Altstadt, hat eine Gesamtfläche von 21 ha und ist 4 km lang.

Der Grüngürtel Planty ist in acht kleinere Teile – „Gärten" – gegliedert, jeder Garten hat seinen eigenen Stil, wie „romantischer" und „Jugendstilgarten". Auf dem Parkgelände stehen mehrere Denkmäler und zwei Springbrunnen.

Das **Juliusz-Słowacki-Theater** am Plac. Św. Ducha 1 ist eine der bekanntesten Bühnen Polens. Es entstand 1891–1893 an der Stelle des früheren Klosters der Spiritaner, nach dem Entwurf von Jan Zawiejski und zählt mit den Elementen aus der Neorenaissance und Neobarock zu den schönsten historizistischen Gebäuden in Europa. Als Muster diente die Pariser Oper. Die Fassade, vor der die Büste von dem Komödienautor Aleksander Fredro steht, ist reich verziert. Das Innere schmücken Fresken des Wiener Künstlers Anton Tuch und der berühmte, 1894 von Henryk Siemiradzki gemalte Bühnenvorhang. Neben der Bühne befindet sich die Garderobe von Ludwik Solski, der Schauspieler, Regisseur und Intendant an diesem Theater war.

Das Juliusz-Słowacki--Theater. Die Fassade schmücken zahlreiche Steindekorationen

Das ursprüngliche Stadttheater wurde 1909 nach Juliusz Słowacki, zu seinem 100. Geburtstag benannt. Auf dieser Theaterbühne sind die berühmtesten polnischen Schauspieler aufgetreten, u.a. Tadeusz Łomnicki und Gustaw Holoubek. Hier wurden auch die ersten Premieren gespielt: *Kordian, Die Urahnen, Die Hochzeit und die Un-Göttliche Komödie*.

Altstadt

Die **Heiligkreuzkirche**, am Plac Św. Ducha gehört zu den schönsten Beispielen der Gotik in Polen. Die erste, hölzerne Kirche entstand an dieser Stelle gegen Ende des 12. Jh. Die heutige, gemauerte Kirche stammt aus dem 14. Jh. In der ersten Hälfte des 15. Jh. wurde an der westlichen Seite ein Turm und an der südlichen die Kapelle St. Sophie angebaut. Ende des 16. Jh. entstand die Andreas-Kapelle und Mitte des 17. Jh. die Kapelle der St. Maria von Loretto. 1528 ist das Innere der Kirche abgebrannt und das Gewölbe eingestürzt, es wurde 1533 rekonstruiert.

> Das Juliusz-Słowacki--Theater ist eine der berühmtesten und verdientesten polnischen Bühnen

Die einschiffige Kirche hat einen einzigen Pfeiler, der das selten anzutreffende Palmengewölbe mit Deckenmalereien mit pflanzlichen Ornamenten stützt. Das Presbyterium hat ein Netzgewölbe. Die Wandmalereien aus dem 16. Jh. wurden gegen Ende des 19. Jh. von Stanisław Wyspiański restauriert. Die Kirche hat zwei Altäre im Langhaus: rechts – der Gottesmutter von Piekary und links der hl. Anna.

> In der einschiffigen Kreuzkirche beeindruckt ein einziger, in der Mitte stehender Pfeiler, der das Gewölbe stützt

Interessant sind auch das Taufbecken von 1423, das Kruzifix aus dem 15. Jh., das Chorgestühl aus dem 15. Jh. und die Kanzel vom Anfang des 17. Jh. An der Kirche steht ein frühgotisches Pfarrhaus, das älteste erhaltene Wohnhaus in Krakau.

Die **Grodzka** gehört zu den ältesten repräsentativen Strassen von Krakau. Sie beginnt am Marktplatz und verläuft in Richtung Süden bis zur Strasse Św. Idziego unterhalb der Wawel-Mauer. Es ist die einzige Strasse, die nicht im rechten Winkel vom Markt aus ausläuft, sondern eine Verlängerung seiner Querachse ist. Sie ist ein Teil des Königsweges und der alten Handelsstraße, die vom Süden nach Norden führte. Die fast 700 m lange Strasse ist in zwei Teile gegliedert. Der erste

Altstadt

Die Grodzka gehört zu den ältesten repräsentativen Strassen von Krakau

Die Basilika St. Peter und Paul. Die Mauer vor dem Eingang zur Kirche schmücken Figuren von zwölf Aposteln

verläuft durch den ältesten Teil Krakaus bis zur Ulica Poselska, entlang welcher eine Wehrmauer verlief. Der erste Teil, der bis zu den Plätzen Wszystkich Świętych und Dominikański führt, wurde während des Umbaus nach dem Brand von 1850 erweitert. Bemerkenswert sind hier das Haus der Familie Stachowicz (Nr. 15), das Haus zum Löwen (Podelwie, Nr. 32) und das Haus zu den Elefanten (Nr. 38). Der zweite Abschnitt verläuft durch das Gelände der mittelalterlichen Siedlung Okół, von der Poselska bis Św. Idziego, wo ursprünglich das Stadttor (Brama Grodzka) stand. Das Zentrum der ehemaligen Siedlung konzentrierte sich um den heutigen Magdalena-Platz, wo die Kirchen St. Peter und Paul und die Andreaskirche standen. In der Nähe befindet sich das aus dem 14. Jh. stammende Collegium Iuridicum (Nr. 53), eines der ältesten Gebäude der Jagiellonen-Universität. Interessant sind in diesem Teil der Grodzka das Haus von Veit Stoß aus dem 15. Jh. (Nr. 39), der Palast der Familie Stadnicki (Nr. 40), das ehemalige Kollegium der Jesuiten (Nr. 52), heute Collegium Broscianum der Jagiellonen--Universität und die evangelische Kirche St. Martin (Nr. 58). Am Ende der Strasse, am Wawel, steht das Primas-Haus aus dem 17. Jh. (Nr. 65), das Arsenal von Władysław IV. aus dem 17. Jh und die kleine Kirche St. Ägidius aus dem 14. Jh.

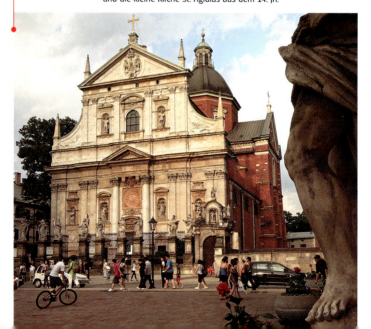

Altstadt

Die **Basilika St. Peter und Paul** in der Ulica Grodzka 54 ist der erste barocke Bau in Krakau. Es entstand 1597–1619. Den Bau veranlasste der Priester Piotr Skarga, gestiftet wurde sie vom König Sigismund III. Wasa für den Jesuitenorden. Baumeister waren nacheinander: Józef Britius, Giovanni Maria Bernardoni und Giovanni Trevano. Der letztere hat der Kirche ihre endgültige Form verliehen – er entwarf die Fassade, die Kuppel und die Innenausstattung. Die Basilika wurde nach römischen Mustern errichtet, hat den Grundriss eines Kreuzes, ein dreijochiges, breites Langhaus, einen kurzen Transept und ein kurzes Presbyterium, das mit einer halbrunden Apsis abschließt. Den Schnittpunkt des Langhauses mit dem Transept bedeckt eine riesige Kuppel, die in der Landschaft Krakaus hervorsticht.

Die wunderschöne Fassade schmücken im unteren Teil Heilige aus dem Jesuitenorden, das Wappen der Jesuiten über dem Hauptportal, die Figuren der Schirmherren der Dynastie der Wasa (hl. Sigismund und Ladislaus) im oberen Teil. Ganz oben ist das Wappen der Dynastie der Wasa angebracht. Bemerkenswert ist der spätbarocke Hauptaltar von 1735 mit dem Gemälde von Józef Brodowski (1820) *Übergabe der Schlüssel an St. Petrus*, der nach dem Entwurf Kacper Bażanka entstand. Die wunderschöne Stuckdekoration entstand 1619–1633, ihr Autor war Giovanni Falconi. Im Presbyterium befinden sich Darstellungen der Szenen aus dem Leben von St. Peter und Paul sowie Statuen der Schirmherren Polens – St. Adalbert und St. Stanislaus. Im Inneren der Kuppel befinden sich vergoldete Figuren der vier Evangelisten. Die Mauer vor dem Eingang zur Kirche schmücken die Figuren der zwölf Apostel, heute sind es Kopien der spätbarocken Skulpturen von David Heel.

Im Kellergewölbe dieser Kirche wurde 2012, zum 400. Todestag des Priesters Piotr Skarga, der in einer der hiesigen Krypten ruht, das nach Wawel und Skałka dritte Nationale Pantheon in Krakau eröffnet. 2013 wurde in diesem Pantheon, das zur letzten Ruhestätte für die größten Kunst- und Kulturschaffender und Wissenschaftler gewählt wurde, der Dichter Sławomir Mrożek bestattet.

Wegen der hervorragenden Akustik finden in der Kirche oft Orgel- und Sinfoniekonzerte statt. Vorgeführt wird auch das Foucaultsche Pendel.

Die **Andreaskirche** (Klarissinnen-Kirche),

in der Ulica Grodzka 56 gehört zu den ältesten Kirchen Krakaus und zu den schönsten romanischen Kirchen in Polen. Errichtet wurde sie 1079–1098 aus der Stiftung von Sieciech – eines Hofwürden von Ladislaus Herman. Die Wehrkirche

Die Andreaskirche ist eine der schönsten romanischen Kirchen in Polen

im romanischen Stil (starke Mauern, hoch angebrachte schmale Fenster und Schießscharten im unteren Teil der Fassade) konnte 1241 dem Angriff der Mongolen standhalten. Die aus Stein gebaute Basilika hat zwei Türme und setzt sich aus einem einjochigen, dreischiffigen Korpus, einem kurzen Transept und einem mit einer halbrunden Apsis abgeschlossenen Presbyterium zusammen. Die imposante Fassade schmücken zwei schmale, oktogonale, mit barocken Helmen bedeckte Türme mit Zwillingsfenstern. Das zu Beginn des 18. Jh. im barocken Stil gründlich restaurierte Innere ist mit zahlreichen Gemälden und Skulpturen dekoriert. Aus dieser Zeit stammen die Stuckdekorationen von Balthasar Fontana und die Wandmalereien von Karl Dankwart. Der spätbarocke Hauptaltar wurde vermutlich von Francesco Placidi entworfen. Daneben besticht der Altar der hl. Salome, der Gründerin des Klarissinnenordens in Polen aus dem 18. Jh. Interessant ist auch die Rokoko-Kanzel in Form eines Bootes.

Im Süden schließen sich der Kirche die Klostergebäude an, wo sich ebenfalls zahlreiche kostbare Kunstwerke befinden, u.a. Krippenfiguren aus dem 14. Jh. und das Bildnis der Gottesmutter mit dem Kind, das um die Wende des 12. und 13. Jh. entstand.

Die Häuser in der Kanonicza entzücken mit ihren Fassaden und dekorativen Portalen aus der Renaissance und dem Barock

Die **Kanonicza** ist eine der schönsten Strassen in der Krakauer Altstadt. Im Mittelalter lag sie innerhalb der Siedlung Okół, die zwischen Krakau und der Wawel-Burg lag und die in der 1. Hälfte des 14. Jh. an Krakau angeschlossen wurde. Die Strasse – der letzte Abschnitt des Königsweges – hieß damals „Canonicorum", da hier die Geistlichen aus der Kathedrale in der Wawel-Burg, aber auch Ritter wohnten. Die Häuser stammen meistens aus dem Mittelalter, haben wunderschöne Fassaden aus der Renaissance und aus dem Barock, reich dekorierte Portale und eisengeschmiedete Wappen. Die Strasse ist einfach bezaubernd. Interessant ist das aus dem 15. Jahrhundert stammende Kapitel-Haus (Nr. 5), wo sich heute das Dokumentationszentrum der Werke von Tadeusz Kantor befindet, das Ritterhaus aus dem 14. Jh. (Nr. 6), der Palast von Erazm Ciołek (Nr. 17), heute eine Filiale des Nationalmuseums mit Sammlungen alter Sakralkunst, das Museum der Erzdiözese (Nr. 19 und 21), wo 1951–1963 Karol Wojtyła wohnte und das Długosz-Haus aus dem aus dem 15. Jh. (Nr. 25).

Die Kanonicza ist eine der schönsten Strassen in der Krakauer Altstadt

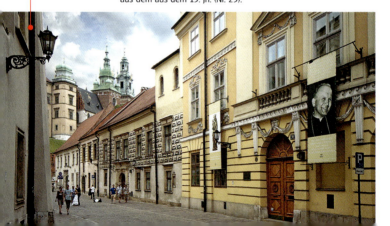

Wawel

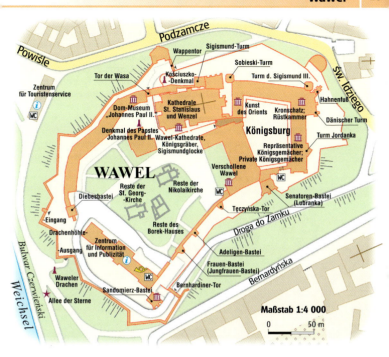

Der **Wawel** ist ein Symbol des polnischen Staatswesens, das fest mit der Geschichte des polnischen Volkes verknüpft ist. Die Burg gehört gleichzeitig zu den wertvollsten architektonischen Bauensembles der Welt. Das gesamte Gebäudeensemble besteht aus der Wawel-Kathedrale, dem Königsschloss und den Befestigungen. Seit 1978 steht es auf der Liste für Weltkultur- und Naturerbe der UNESCO; es gehört zu den größten touristischen Attraktionen Krakaus und Polens. Die Wawel-Burg liegt im Stadtzentrum dar auf einem hohen Kalkhügel, 228 m über der Weichsel und beherrscht das Altstadtpanorama.

Der Name Wawel ist auf das mittelalterliche Wort „wąwel" zurückzuführen, mit diesem Wort wurde die Schlucht bezeichnet, die einst zwei Teile des Hügels zerklüftete. Andere wiederum bezeichneten mit diesem Begriff einen trockenen, von Sümpfen umgebenen Hügel.

Der Wawel-Hügel stellte in der Vergangenheit einen sicheren Ort, für Menschen dar, die sich hier seit dem Paläolithikum ansiedelten (100 Tsd. Jahre v. Chr.). Im 9. Jh. war Wawel die Hauptburg des Stammes der Wislanen und ihrer legendären Herrscher – Krak und Wanda. Gegen Ende des 10. Jh. wurden die Ländereien der Wislanen und somit auch Krakau Bestand des entstehenden polnischen Staates, wo sich die ersten Piasten ansiedelten und den Ort zum Zentrum der politischen und kirchlichen Macht machten. Um die Wende des 10. und 11. Jahrhunderts war der Hügel bereits dicht mit sakralen und weltlichen, vorromanischen und romanischen Gebäuden aus Steinquadern bebaut. In der 1. Hälfte des 11. Jh. entstand auf dem Wawel-Hügel die erste Kathedrale und die erste fürstliche Residenz. Zur Regierungszeit der Piasten hat die Bedeutung Krakaus erheblich zugenommen. 1038 wurde die Stadt vom Fürsten Kasimir dem Erneuerer zum Rang der polnischen Hauptstadt erhoben und war ab jetzt Hauptsitz der Könige, womit die mehrere Jahrhunderte lang andauernde Entwicklungs- und Blütezeit des Wawel-Schlosses begann.

Der Wawel liegt im Stadtzentrum auf einem erhabenen Kalkhügel an der Weichsel

Wie der Wawel-Hügel vor 1000 Jahren aussah, zeigt die Ausstellung **„Der verschollene Wawel"** im Erdgeschoss des einst deutschen Gebäudes, das den Schloss-Innenhof im Westen

abschließt. Die Ausstellung besteht aus dem archäologisch--architektonischen Reservat und aus der Sammlung von Gegenständen aus dem frühen und späten Mittelalter.

Im Reservat, das in den Räumen der ehemaligen königlichen Küche und in den Bauresten der gotischen Burg untergebracht ist, kann man eines der ältesten, teilweise erhaltenen polnischen romanischen Bauwerke sehen – die Rotunde der Hl. Jungfrau Maria (seit dem 14. Jh. als Rotunde St. Felix und Adauctus bezeichnet). Das aus dem 10. Jh. stammende vierbogige Bauwerk mit dem Grundriss eines Blattes fungierte als Kapelle der königlichen Residenz. Im Reservat kann man auch die Geschichte und die Entwicklung der Bebauung des Wawel-Hügels seit der Urzeit (seit dem Paläolithikum) bis heute verfolgen. Eine der Entwicklungsetappen stellt das interessante Modell der Bebauung des Wawel-Hügels im 18. Jh. dar. In den Innenräumen der ehemaligen königlichen Wagenschuppen und der sog. kleinen Küche werden vor dem Hintergrund der authentischen Mauern auf dem Wawel-Hügel ausgegrabene mittelalterliche Objekte und Modelle wichtigerer romanischer und gotischer Bauwerke präsentiert.

Zum Wawel-Hügel führen zwei Wege – im Norden von der Ulica Kanonicza und im Süden von der Ulica Bernardyńska. Wenn man den ersten Weg zum Wawel nimmt, läuft man an einer Mauer entlang, in die Ziegelsteine eingemauert sind, die an die Spender

Wawel

erinnern, die sich an der Renovierung der Wawel-Burg Anfang des 20. Jh. beteiligten. Auf das Gelände der königlichen Residenz kommt man durch das Wappentor, das 1921 von Adolf Szyszko--Bohusz an der Stelle des abgetragenen Tores aus der Mitte des 19. Jh. gebaut wurde und das mit Wappen polnischer, litauischer und russischer Territorien versehen ist. Links hinter dem Tor steht auf einer Bastion aus dem 16. Jh. die Kopie des Denkmals von Tadeusz Kościuszko zu Pferde. Das Original von Leonhard Marconi ist von den Nazis zerstört worden. Zum Innenhof vor der Kathedrale gelangt man durch das Wasa-Tor, das Sigismund III. Wasa Ende des 16. Jh. an der Stelle des gotischen Tores erbauen ließ. Wenn man den zweiten Weg nimmt, gelangt man zum Wawel durch das Bernhardiner-Tor, das 1940 von den Deutschen an der Stelle des österreichischen Tores des mit einer Zugbrücke aus der Mitte des 19. Jh. erbaut wurde. Durch das Tor kommt man auf einen ausgedehnten Platz, der einst sehr eng bebaut war – es waren die Bauten der sog. Niederburg. Anfang des 19. Jh. wurden die meisten Gebäude von den österreichischen Besatzern abgerissen, die an dieser Stelle eine Kaserne bauten und einen militärischen Übungsplatz einrichteten. Heute sieht man zwischen den Grünanlagen auf dem Innenhof nur die Reste der Fundamente der St. Georg-Kirche aus dem 14. Jh., der St. Michael-Kirche aus dem 15. Jh. und des aus dem 16. Jh. stammenden Hauses des Kanonikers Stanisław Borek.

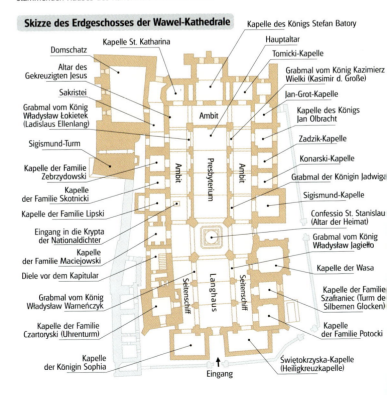

Skizze des Erdgeschosses der Wawel-Kathedrale

Wawel

Die **Wawel-Kathedrale (Erzbasilika St. Stanislaus und Wenzel)** ist die altehrwürdigste Kirche in Polen, Nekropole der Könige, Dichter und Krakauer Bischöfe. Papst Johannes Paul II. sagte: „Derjenige, der die Wawel-Kathedrale besucht, muss der Geschichte der Nation ins Gesicht blicken".

Die erste Kirche auf dem Wawel-Hügel entstand um 1020 zur Regierungszeit des Königs Boleslaus Schiefmund (Bolesław Krzywousty), kurz nachdem Krakau Bistum wurde. Sie wurde beim Angriff des böhmischen Fürsten Bretislaw im Jahre 1038 zerstört und ihre Teile wurden zur Kirche St. Gereon umgebaut, deren Fundamente im westlichen Burgflügel, in der Nähe des heutigen Presbyterium erhalten

In der Wawel-Kathedrale sind Könige, Dichter und Krakauer Bischöfe bestattet

sind. Die zweite Kathedrale, der sog. „Hermann-Dom", entstand 1090–1142. Es war eine dreischiffige Basilika, mit zwei Chören, zwei Krypten und zwei Türmen. Die Bauarbeiten begannen während der Regierungszeit von Ladislaus Herman, und wurden zur Regierungszeit von Boleslaus Schiefmund abgeschlossen. 1305 ist der romanische Bau zwar einem Brand zum Opfer gefallen, viele Teile blieben jedoch unversehrt u.a. die Krypta des hl. Leonhard, der untere Teil des Turmes der Silbernen Glocken und des Uhrenturms. 1320 wurde in dem erhaltenen Teil der Kirche Ladislaus Ellenlang zum König Polens gekrönt. Er veranlasste noch im selben Jahr den Bau der neuen, gotischen Kathedrale. 1346 war das Presbyterium fertig, 1364 das Langhaus mit dem Transept und die Seitenschiffe. Konsekriert wurde der Dom zur Regierungszeit des Königs Kasimir des Großen.

Die Sigismundglocke kann man zu Feiertagen, Kirchenfeiern und wichtigen Ereignissen hören

Die aus Backstein und weißem Kalkstein gebaute Kirche ist eine dreischiffige Basilika mit einem Transept und einem rechteckig abgeschlossenen, längeren Presbyterium mit Chorumgehung. Der gotische Bau ist von einem Kapellenkranz aus dem 14. und 15. Jh. umsäumt, die in den nachfolgenden Jahrhunderten meistens in Mausoleen umgestaltet wurden. Gegenwärtig ist die Kathedrale von 19 gotischen-, Renaissance- und barocken Kapellen umsäumt, jede von ihnen stellt eine separate Kirche mit origineller Ausstattung dar. Die Kapelle hat drei Türme – im Norden den Sigismundturm mit fünf Glocken (u.a. mit der berühmten Sigismundglocke), den höchsten, sog. Uhrenturm mit dem barocken Helm von Kacper Bażanka im Norden und den Turm der Silbernen Glocken (mit drei Glocken) im Süden, der auch als Vikaren-Turm bezeichnet wird.

Die **Sigismundglocke** ist eines der wichtigsten polnischen Nationalsymbole. Sie hängt in der dritten Etage des Sigismundturmes, den man über die Sakristei erreicht. Die von Sigismund dem Alten

Wawel

gestiftete Glocke wurde 1520 vom Nürnberger Glockenbauer Hans Behem, wie der Volksmund sagt – aus erbeuteten Kanonen – gegossen. Sie wiegt über 12 Tonnen, ihr Durchmesser beträgt 2,5 m und der Umfang 8 m. Dekoriert ist sie mit den Wappen Polens und Litauens, mit den Darstellungen der Heiligen Stanislaus und Sigismund und einer lateinischen Inschrift. Zu Weihnachten 2000 ist der Klöppel der Sigismundglocke zum vierten Mal gesprungen. Der neue wiegt 365 kg, er wurde im April 2001 gegossen und aufgehängt. Die Glocke, die von 8–12 Personen in Bewegung gesetzt wird, kann man zu Feiertagen, Kirchenfeiern und wichtigen Ereignissen hören. Sie schlug u.a. am Tag der Wahl von Karol Wojtyła zum Papst, 1978, an seinem Todestag 2005 und während der Beisetzung des polnischen Präsidentenpaares, Lech und Maria Kaczyński im April 2010.

An die Nordfassade der Kathedrale schmiegen sich die Schatzkammer, das Kapitelhaus und die Kapitelbibliothek an. An der Südfassade findet man u.a. die Kapelle der Wasa und die Sigismundkapelle mit der vergoldeten Kuppel. Im oberen, mit einem dreieckigen Giebel abschließenden Fassadenteil sieht man die Figur des hl. Stanislaus (Kopie aus dem 19. Jh.), ein Schild mit einem Adler und ein Rosettenfenster. Vom Burghof trennt die Kathedrale eine Mauer mit drei barocken Toren mit zahlreichen Dekorationen von Giovanni Trevano. Im barocken Portal, der in den Dom führt, ist eine mit Blech verkleidete Tür aus dem 14. Jh. erhalten mit den Initial des Königs Kasimir des Großen – dem Buchstaben „K" unter der Krone. Am Eingang zur Kathedrale hängen ein Mammutknochen, eine Walrippe und ein Nashornschädel. Sie sollten die Kathedrale vor dem Bösen schützen.

Die heutige Innenausstattung ist anders als ursprünglich, da die Kathedrale im 17. und 18. Jh. barockisiert wurde. Dank den Geldschenkungen der damaligen Könige, Bischöfe, Großgrundbesitzer und Geistlichen ist der größte Teil der bisherigen Ausstattung entfernt worden, sie wurde durch neue Altäre, Grabstätten, Epitaphe, Reliefs, Denkmäler und Gemälde ersetzt. Autoren der barocken Ausstattung sind größtenteils herausragende italienische Architekten, u.a.: Giovanni Trevano, Giovanni Battista Gisleni, Francesco Placidi und Kacper Bażanka. Schöpfer der teilweise erhaltenen, vorbarocken Ausstattung sind hervorragende Künstler, u.a.: Veit Stoß, Bartholomeo Berrecci, Giovanni Maria Padovano und Santi Gucci. Das Langhaus und das Presbyterium überspannt ein gotisches Kreuzrippengewölbe, im letzten, östlichen Joch des Presbyteriums – ein dreigeteiltes Gewölbe. Authentisch ist das sog. Krakauer Stützensystem. Über den Pfeilern, die die Schiffe voneinander trennen, stehen vier Heiligenfiguren: Hieronymus, Ambrosius, Gregor und Augustin. In der Mitte, zwischen dem Langhaus und dem Transept steht das Confessio

Der Altar des hl. Stanislaus gehört zu herausragendsten frühbarocken Kunstwerken in Polen

des hl. Stanislaus Szczepanowski von Giovanni Trevano aus dem 17. Jh. Der Krakauer Bischof, Schirmherr Polens, starb einen qualvollen Tod. Unter einer vergoldeten Kuppel steht auf einem Sockel der silberne Sarg mit den sterblichen Überresten des Heiligen. Der mit Szenen aus dem Leben des Heiligen versehene Sarg stammt aus der 2. Hälfte des 17. Jh. und wird von vier Engeln gehalten. Der Altar des hl. Stanislaus gehört zu herausragendsten frühbarocken Kunstwerken in Polen.

In der Vergangenheit übte er die Rolle des Heimat-Altars aus. An diesen Altar brachten die Könige als Dank die bei Schlachten und Kriegen erbeuteten Gegenstände – Władysław Jagiełło die Fahnen des Deutschen Ordens, die bei der Schacht bei Tannenberg erbeutet wurden und Jan III. Sobieski – die türkische Fahne von der Schlacht bei Wien. Hinter dem Confessio sieht man den barocken Hauptaltar, der von Giovanni Battista Gisleni entworfen wurde und den Renaissance-Altar von 1346 ersetzte. Den golden glitzernden Altar aus der Mitte des 17. Jh. beherrscht das Gemälde mit der Darstellung Christi am Kreuz. Auf beiden Seiten steht wunderschönes frühbarockes Chorgestühl von Jan Szabura aus der ersten Hälfte des 17. Jh.

Unter den zahlreichen Altären in der Kathedrale ist der Altar in der Umgehung des Presbyteriums besonders sehenswert – der Gekreuzigte Jesus, entworfen von Francesco Placidi, mit dem wundertätigen Kruzifix vom Ende des 14. Jh. Als die hl. Hedwig (Königin Jadwiga) davor betete, soll sie vom gekreuzigten Christus angesprochen worden sein. 1987 wurden in der Mensa unterhalb des Altars die sterblichen Überreste der Königin bestattet. Sie wurde 1997 durch den Papst Johannes Paul II. kanonisiert.

In den Seitenschiffen und in der Umgehung befinden sich die Eingänge in die die Kathedrale umsäumenden Kapellen. Bemerkenswert ist die **Sigismundkapelle**, die auch als Königs- bzw. Jagiellonen-Kapelle bekannt ist. Sie ist von der Umgehung durch ein Ziergitter mit den Wappen Polens, Litauens und der Dynastie Sforza getrennt. Sie entstand nach dem Entwurf von Bartolomeo Berrecci als Mausoleum der letzten Jagiellonen 1524–1533, ihr Bau wurde von Sigismund dem Alten veranlasst. Ihr Inneres schmücken Reliefs mit üppigen ornamentalen, biblischen und mythologischen Motiven. An der Ostwand befindet sich das silberne Triptychon mit der Darstellung der Einschlafung der Heiligen Jungfrau Maria, ein Werk von Künstlern aus Nürnberg. Gegenüber stehen die Grabmale des Königs Sigismund des Alten – ein Werk von Berrecci – und seines Sohnes Sigismund August – ein Werk von Santi Gucci, der ebenfalls Autor des Grabmals von Anna Jagiellonka, der Tochter von Sigismund dem Alten, an der Südwand, ist. Die 30 m hohe Kapelle hat einen quadratischen Grundriss, darauf ruht eine achteckige Trommel, die die charakteristische, fischschuppenartig vergoldete Kuppel mit einer

Das Dach der Sigismundkapelle bedeckt eine Vergoldung in Form von Fischschuppen

Wawel

Laterne stützt. Die vergoldeten Fischschuppen sind ein Geschenk (1591/1592) von Anna Jagiellonka.

In der Kathedrale, die schon immer als Königsnekropole fungierte, befinden sich **Sarkophage** fast aller Könige. Beiderseits des Presbyteriums stehen zwischen den Pfeilern die ältesten Grabmale: von Ladislaus Ellenlang (verst. 1333) und Kasimir dem Großen (verst. 1370). Im südlichen Teil der Umgehung, gegenüber der Sigismundkapelle steht – der gegenwärtig leere – Sarkophag der Königin Jadwiga (verst. 1399). Beiderseits des Langhauses stehen weitere Grabmale: von Władysław Jagiełło (verst. 1434) und das symbolische Grab von Władysław Warneńczyk (verst. 1444). In der Ecke der Heiligkreuzkapelle befindet sich das Grabmal von Kazimierz Jagiellończyk (verst. 1492), ein Werk von Veit Stoß, ein bedeutendes Beispiel der spätgotischen Bildhauerkunst in Polen. An der Westwand der Fronleichnamskapelle steht der Sarkophag von Jan Olbracht (verst. 1501). In der Umgehung wurde die zweite Frau von Władysław Jagiełło – Anna von Cilli (verst. 1416) beigesetzt und auf den Treppenstufen, die zum Altar führen – steht der Sarkophag des Kardinals Fryderyk Jagiellończyk (verst. 1503). Weitere Könige und ihre Familien, angefangen

Sarkophag der Königin Jadwiga

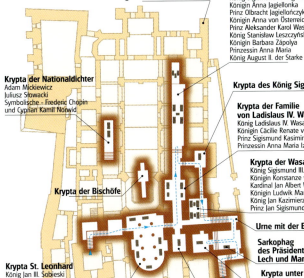

Krypten in der Wawel-Kathedrale

Grundriss des Erdgeschosses der Kathedrale

Sigismund-Krypta
König Sigismund II. August
Königin Anna Jagiellonka
Prinz Olbracht Jagiellończyk
Königin Anna von Österreich
Prinz Aleksander Karol Wasa
König Stanisław Leszczyński
Königin Barbara Zápolya
Prinzessin Anna Maria
König August II. der Starke

Krypta der Nationaldichter
Adam Mickiewicz
Juliusz Słowacki
Symbolische - Frederic Chopin und Cyprian Kamil Norwid

Krypta des König Sigismund des Alten

Krypta der Familie von Ladislaus IV. Wasa
König Ladislaus IV. Wasa
Königin Cäcilie Renate von Habsburg
Prinz Sigismund Kasimir Wasa
Prinzessin Anna Maria Izabela

Krypta der Wasa
König Sigismund III. Wasa
Königin Konstanze von Österreich
Kardinal Jan Albert Wasa
Königin Ludwik Maria Gonzaga
König Jan Kazimierz Wasa
Prinz Jan Sigismund Wasa

Krypta der Bischöfe

Urne mit der Erde von Katyń

Sarkophag des Präsidentenpaares Lech und Maria Kaczyński

Krypta St. Leonhard
König Jan III. Sobieski
Königin Maria Kazimiera (Marysieńka)
König Michał Korybut Wiśniowiecki
Fürst Józef Poniatowski
Tadeusz Kościuszko
Gen. Władysław Sikorski

Krypta unter dem Turm der Silbernen Glocken
Marschall Józef Piłsudski

Krypta des Königs Stefan Batory

mit Sigismund dem Alten (verst. 1548) bis August II. dem Starken (verst. 1733), liegen – außer den drei letzten polnischen Königen – in den Grüften unter der Kathedrale, die mit Korridoren miteinander verbunden sind. Zu erreichen sind sie über die Kapelle der Familie Czartoryski. Die Besichtigung der **Königsgräber** beginnt in der Krypta des hl. Leonhard, wo später neben den Königen auch Nationalhelden bestattet wurden: der Fürst Józef Poniatowski (verst. 1813), Tadeusz Kościuszko (verst. 1817) und der General Władysław Sikorski (verst. 1943), dessen Überreste 1993 nach Krakau gebracht wurden. Die Krypta unterhalb des Langhauses ist ein Teil der zweiten, sog. „Herman-Kathedrale", die eines der schönsten romanischen Inneren hat. In der Kathedrale hielt 1946 der junge Priester Karol Wojtyła seine Primiz. In der letzten Krypta – unter dem romanischen Turm der Silbernen Glocken – ruht Marschall Józef Piłsudski (verst. 1935). In der Vorhalle zu dieser Krypta wurde am 18. Mai 2010 das polnische Präsidentenpaar, Lech und Maria Kaczyński bestattet, das bei dem Flugzeugunglück bei Smolensk tragisch umgekommen ist.

Im nördlichen Arm der Umgehung, gegenüber der Kapelle der Familie Lipski, befindet sich der Eingang in die Krypta der Nationaldichter, die großen Persönlichkeiten gewidmet ist. In dieser kleinen Krypta sind die Sarkophage von Juliusz Słowacki (verst. 1849) und Adam Mickiewicz (verst. 1855), das Denkmal

Sicht auf die Burg Wawel von der Marienkirche

von Cyprian Kamil Norwid (verst. 1883) und das Medaillon mit dem Bildnis von Frederic Chopin (verst. 1849), das am 28. Februar 2010, zum 200. Geburtstag des Komponisten enthüllt wurde, zu sehen.

Die **Königsburg auf dem Wawel** blickt auf eine sehr lange Geschichte zurück. Die älteste, vorromanische Residenz der polnischen Könige, das sog. Fürstenpallatium entstand im 11. Jh. Der Steinbau lag im höchsten, nordöstlichen Teil des Hügels. Er bestand u.a. aus einem Saal mit 24 Pfeilern, deren Reste unter dem nördlichen Flügel des heutigen Schlosses 1921 gefunden wurden. Das kleine Pallatium wurde um die Wende des 11. und 12. Jh. nach Osten hin ausgebaut, als Krakau Sitz polnischer Könige wurde. Die aus Stein gebaute, romanische Residenz bestand damals aus dem Wehrturm und dem Wohnhaus. Um die Wende des 13. und 14. Jh. wurde der Hügel in die Obere und Untere Burg aufgeteilt.

Wawel

Östlich der Schlucht befand sich die Obere, die Königsburg, mit dem Pallatium und der damaligen Kathedrale. Umsäumt wurde sie mit einer steinernen Mauer, die die bisherigen Holz- und Erdwälle ersetzte. Westlich der Schlucht lag die sog. Untere Burg, mit den Häusern der Hofbeamten, der Geistlichen und mit Kirchen. Anfang des 14. Jh. ließ Ladislaus Ellenlang die romanische Residenz im gotischen Stil ausbauen. Es entstand der Wohnturm, der nach ihm benannt wurde. Während der Regierungszeit des Königs Kasimir des Großen, Mitte des 14. Jh., wurde die Burganlage in ein repräsentatives gotisches Schloss umgestaltet, das aus mehreren Bauten bestand, die sich um einen unregelmäßigen Innenhof gruppierten. Erbaut wurde damals ein einstöckiger Flügel mit Repräsentations- und Wohngemächern, mit einem Säulengang zum Innenhof hin. Ein weiterer Umbau erfolgte Ende des 14. Jh. zur Regierungszeit der Königin Jadwiga und des Königs Władysław Jagiełło. Vergrößert wurde damals der Ellenlang-Turm, der ab nun „Hahnenfuß" hieß, erbaut wurde ein neuer Wohnturm – der sog. Dänische Turm. In dieser Zeit wurde das Schloss verstärkt befestigt – es erhielt eine Wehrmauer mit den Basteien: Jordanka, Tęczyńska, Szlachecka, Złodziejska und Panieńska. Zur Regierungszeit von Kasimir Jagiellończyk, Mitte des 15. Jh., entstanden die zwei größten Basteien aus Backstein – Senatorską (damals Lubranka) und Sandomierska, ein unikales Beispiel sog. Feuerbasteien. In dieser Form überdauerte das Burgschloss bis zu den Brand von 1499. Zu Beginn des 16. Jh. nahm Aleksander Jagiellończyk einen Umbau der gotischen Residenz vor, der ab 1507 vom Sigismund dem Alten fortgesetzt wurde. Auf den Fundamenten der Wehrburg vom Kasimir dem Großen wurde nach der Abtragung eines Teils der gotischen Mauer 1504–1536 ein imposantes Renaissance-Schloss errichtet, das man bis heute bewundern kann. Die West- und Nordflügel entstanden auf der Basis der gotischen Gebäude, der Ostflügel erhielt neue Fundamente, an der Südseite wurde eine Mauer gebaut, die den Innenhof abschließt. Die Bauarbeiten leiteten am Anfang der deutsche Architekt Eberhard Rosemberger und der italienische Bildhauer und Architekt Francesco aus Florenz, später wurden sie von Bartolomeo Berrecci und Benedikt aus Sandomierz übernommen. Nach dem Ausbau erlebte die Wawel-Burg ihre größte Blüte. Das damalige Schloss mit dem geräumigen, von Kreuzgängen umsäumten Innenhof gehörte zu den schönsten Königssitzen in Europa.

Mitte des 16. Jh. ließ Sigismund August eine große Sammlung flämischer Gobelins, die von den Webern in Brüssel hergestellt wurden, bestellen. Nach dem Brand 1595 ließ Sigismund III. Wasa den damals abgebrannten nordöstlichen Teil des Schlosses im Stil des frühen Barocks von dem italienischen Architekten Giovanni Trevano erneuern. Zu Beginn des 17. Jh. wurden an der Südfassade zwei Ecktürme angebaut – der Sigismund III.- und der Sobieski-Turm.

Nachdem Sigismund III Wasa 1609 den Königshof nach Warschau verlegen ließ, begann das Schloss zu verwahrlosen. Während der Schwedenkriege

Die Sandomierz-Bastei wurde zur Regierungszeit des Königs Kazimierz Jagiellończyk, Mitte des 15. Jh. errichtet

Die aus dem 14. Jh. stammende Diebes-Bastei erhielt ihren Namen, da sie einst ein Gefängnis beherbergte

1655–1657, wurde Wawel fast vollkommen ausgeraubt. 1702 veranlassten die Schweden den größten Brand in der Geschichte der Burg, dem ein großer Teil der Renaissancesäle zum Opfer fiel. Im 18. Jh. sah es nicht besser aus, wozu auch die Tatsache beitrug, dass sich 1794 im Schloss die Armeen der Besatzer breitmachten. Zuerst raubten die preußischen Truppen den königlichen Schatz aus, später wurde der ganze Hügel von den Österreichern übernommen und in eine Kaserne umgewandelt. Nach und nach wurden immer mehr Gebäude umgebaut oder abgetragen. U.a. sind die Kreuzgänge eingemauert worden. Abgerissen wurden die Kirchen St. Georg und St. Michael. In der 2. Hälfte des 19. Jh. haben die Österreicher die Wehrmauer in eine moderne Befestigungsanlage umgewandelt, sie bauten eine imposante Zitadelle – einen Teil der Festung Krakau. 1905 war Kaiser Franz Josef einverstanden, dass die österreichischen Truppen den Wawel--Hügel räumen. Die damals begonnenen Restaurierungsarbeiten, die dem Schloss seinen ehemaligen Glanz verleihen sollten, wurden durch den 2. Weltkrieg unterbrochen. Während der Nazibesatzung fungierte es als Sitz der Verwaltung des Generalgouvernements und als Residenz von Hans Frank.

Hahnenfuß und Turm der Sigismund III

Das heutige Schloss ist ein zweigeschossiges Bauwerk im Stil der Renaissance und des Barocks, wobei es ebenfalls klassizistische Elemente aufweist. Es besteht aus drei Flügeln mit Gemächern, einem Paravent-Flügel, der den Innenhof im Süden abschließt und aus fünf Wohntürmen. Im Inneren gibt es zwei repräsentative Treppenaufgänge, im Ostflügel – das Treppenhaus der Abgesandten vom Ende des 15. Jh. und das der Senatoren, das Giovanni Trevano nach dem Brand von 1595 erbaute. Die Wehrburg hat einen trapezförmigen Innenhof im Stil der Renaissance. Umsäumt ist der Innenhof von dreigeschossigen Säulengängen. Man gelangt in das Atrium durch das von Bartolomeo Berrecci gebaute Tor mit der Inschrift: *„Wenn Gott mit uns ist, wer soll gegen uns sein?"*. Im ersten und zweiten Stock werden die Kreuzgänge von mit Arkaden abgeschlossenen Säulen getragen, den obersten Stock bilden schmale Säulen von doppelter Höhe, die das Dach stützen. Das über 7000 m² große Schloss besteht aus 71 Ausstellungssälen mit fünf Dauerausstellungen: Repräsentative Königsgemächer, Private Königsgemächer, Kronschatz, Rüstkammer und Kunst des Orients.

Repräsentative Königsgemächer – umfassen das Appartement des Krakauer Großherrschers im Erdgeschoss und die repräsentativen Gemächer im Nord- und Ostflügel der 2. Etage. In diesen Sälen wurden Abgesandte empfangen, Senatsitzungen abgehalten, staatliche und höfische Feste sowie Hochzeiten und Bälle gefeiert. Erhalten sind die historischen Möbel aus Italien, Gemälde, Keramik, Skulpturen sowie die Gobelinsammlung aus der Renaissance. Mitte des 16. Jh. bestellte Sigismund August diese Gobelins bei den Brüsseler Webern, leider sind von den einstigen 356 flämischen

Wawell 33

Grundriss des Königsschlosses

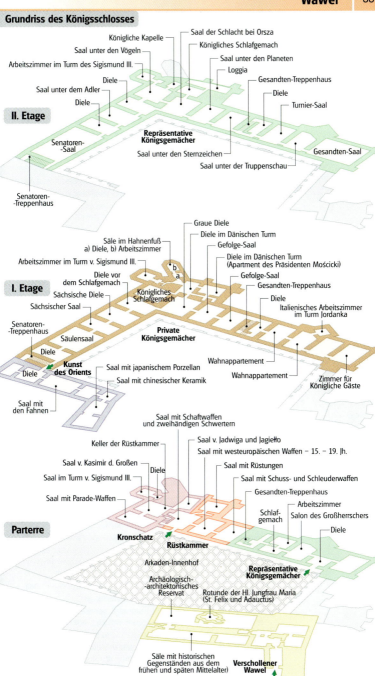

Gobelins, die einst die Burg schmückten, heute nur 136 übrig.
Der größte Saal ist der Senatoren-Saal mit den Gobelins zu biblischer
Thematik. Besonders sehenswert ist ebenfalls der Abgesandten-Saal
mit der unikalen Kassettendecke mit 30 in Holz geschnitzten,
sog. Wawel- Köpfen.

Private Königsgemächer befinden sich in der ersten Etage
im Nord- und Ostflügel. Die reich mit Kunstwerken bestückten,
mit Friesen mit unterschiedlichen Motiven dekorierten Räume haben
Decken aus der Renaissance, erhalten sind darin auch
die Steinportale aus der Gotik und Renaissance. Im selben Stock sind
ebenfalls die Appartements der königlichen Gäste untergebracht –
der Saal des Präsidenten Mościcki, des Gouverneurs Hans Frank
und der klassizistische Säulen-Saal, in dem ursprünglich
das Tafelsilber aufbewahrt wurde. Im 18. Jh. wurde dieser Saal für
den Besuch des Königs Stanislaus August Poniatowski umgebaut.

Der **Kronschatz** ist im Erdgeschoss untergebracht,
in der nordöstlichen Ecke des Schlosses, wo einst der Łokietek-Turm
stand. Die Schätze sind in fünf Ausstellungssälen untergebracht, drei
davon stammen noch aus der Gotik (die Diele, der Saal der Königin
Jadwiga und des Königs Jagiełło und der Saal vom Kasimir
dem Großen). Die Ausstellung enthält u.a. Exponate aus dem
ehemaligen Staatsschatz, wo die Regalien, Königsgewänder
und Juwelen aufbewahrt wurden und aus den privaten Schätzen
der Könige von Polen. Das wertvollste Ausstellungsstück
ist das aus dem 13. Jh. stammende Krönungsschwert
„Szczerbiec" – es gilt als das wichtigste historische Erinnerungsstück

Der Renaissance-Innenhof ist von dreistöckigen Kreuzgängen umsäumt

überhaupt. Die Schatzkammer enthält auch andere kostbare
und sehenswerte Gegenstände – den Kelch von Kasimir dem Großen
aus dem 14. Jh., das Schwert vom Sigismund dem Alten aus dem 16. Jh.
und den Krönungsmantel vom Sigismund August aus dem 16. Jh.

Die **Rüstkammer** ist in fünf Sälen im nordöstlichen Teil
des Schlosses und in drei Kellerräumen untergebracht. Sie enthält
außerordentlich reiche und wertvolle Sammlungen, u.a. Schusswaffen,
Hieb-, Stich- und Schaftwaffen, Feuerwaffen sowie
Husarenhalbharnische, einen unikalen Flügelharnasch,
Schuppenpanzer, Säbel, Panzerstecher, Schwerte und Streitkolben.
Ein besonderes Kleinod sind die in den Kellerräumen neben Kanonen
und Granatwerfern ausgestellten Fahnen des Deutschen Ordens,
die bei der Schlacht bei Tannenberg 1410 erobert wurden.

Wawel

Die Ausstellung **Kunst des Orients** im 1. Stock des Westflügels bezeugt die Vorliebe der polnischen Könige für orientalische Gegenstände. Den wertvollsten Teil der Ausstellung stellt die Sammlung der Kriegstrophäen und Erinnerungsgegenstände, die Jan III. Sobieski während der Schlacht bei Wien eroberte – türkische Zelte aus dem 17. und 18. Jh., seidene Fahnen und diverse Waffen. Bestand der Sammlung sind ebenfalls exotische Gewebe und chinesische und japanische Keramik.

Die **Drachenhöhle**, in der einst der böse Waweler Drachen gehaust haben soll, ist die wohl bekannteste Höhle in ganz Polen. Die geräumige, infolge der Verkarstung entstandene Grotte, deren Korridore insgesamt 270 m lang sind, befindet sich im Hang des Wawel-Hügels. Die Besichtigung der Drachenhöhle beginnt auf dem Hügel, hinter der Diebesbastei in einem Turm, der mit einer Backsteinkuppel bedeckt ist. Die 135 Stufen des ehemaligen österreichischen Brunnens, der von Adolf Szyszko-Bohusz 1918 in ein Treppenhaus verwandelt wurde, führen 21 m nach unten. Die 81 m lange Besichtigungsroute führt durch drei teilweise bis zu 10 m hohe Kammern mit interessanten Karst- und Steinformen. In der letzten Kammer, die im 17. Jh. entstand, befand sich einst eine Schenke für Fischer und Flößer, die von Besuchern und Reisenden oft und ausführlich beschrieben wurde. Wenn man aus der Drachenhöhle auf die Weichsel- -Boulevards kommt, stößt man auf den Feuer speienden Drachen – eine Skulptur von 1972, deren Autor der Krakauer Bildhauer Bronisław Chromy ist.

Wenn man die Drachenhöhle verlässt, kommt man auf die Weichsel-Boulevards, wo die feuerspeiende Figur des Drachens steht

Das 1978 vom damaligen Kardinal Karol Wojtyła eröffnete **Dom- -Museum „Johannes Paul II."** setzt die Tätigkeit des 1906 gegründeten Diözesen-Museums fort. Die Sammlungen sind in zwei Stockwerken des Domhauses untergebracht, das aus zwei Häusern aus dem 14. Jh. besteht. In der Ausstellung werden ausgewählte Exponate aus dem Domschatz, der zu den reichsten in Polen gehört, aus der Bibliothek und aus dem Archiv präsentiert. Es sind die ältesten und wichtigsten Regalien und Gegenstände religiösen Kults: Kunsthandwerk, Gewebe, Gemälde und Skulpturen – Geschenke der königlichen Bischöfe und des Adels. Die Sammlung enthält auch unikale und unschätzbare Exponate, wie z.B. die Lanze des hl. Mauritius – Geschenk des Kaisers Otto III. für den König Boleslaus den Tapferen von 1000, den Kelch aus dem Grab des Bischofs Mauer aus dem 12. Jh., das Reliquiar für den Schädel des hl. Stanislaus aus dem 13. Jh., das sog. sizilianisch-sarazenische Kästchen, das Superhumerale der Krakauer Bischöfe aus dem 14. Jh. – Geschenk der Königin Jadwiga, das Geschenk des Woiwoden Piotr Kmita, ein Ornat aus dem 16. Jh. mit sieben Szenen aus dem Leben des hl. Stanislaus und den Krönungsmantel von Stanislaus August Poniatowski, dem letzten König von Polen aus dem 18. Jh. Einen Teil der Ausstellung bilden Exponate, die mit dem Papst Johannes Paul II. verbunden sind, u.a. Sutane, Barett, Mönchkäppchen und zahlreiche Reiseandenken.

Um die Altstadt

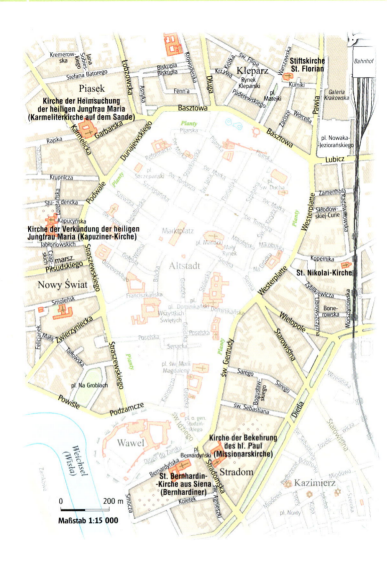

**Kirche der Verkündung der heiligen Jungfrau Maria
(Kapuziner-Kirche)** in der Ulica Loretańska 11, wurde 1696–1699
aus der Stiftung von Wojciech Dembiński für den aus Italien
stammenden Kapuzinerorden im Stil des toskanischen Barock
errichtet. Die ungeschmückte Fassade ist in Pilaster eingefasst
und schließt oben mit einem dreieckigen Giebel mit einem
ellipsenförmigen Fenster ab. Die kleine, ursprünglich einschiffige

Um die Altstadt

Kirche besteht heute aus dem Langhaus, dem Südschiff aus dem 20. Jh., aus dem Nordschiff, das sich aus zwei Seitenkapellen zusammensetzt und aus dem Presbyterium, das mit einer geraden Wand abschließt. Das mit einem Tonnengewölbe überspannte Innere ist recht schlicht ausgestattet: einige barocke Altäre, Kanzel, Beichtstühle und Epitaphe. Auf der rechten Seite des Langhauses steht ein Sarkophag aus schwarzem Marmor – beigesetzt ist darin der Stifter des Kapuzinerkonvents und des Loreto-Häuschens. Das Presbyterium mit dem Kreuzgewölbe schmückt der Hauptaltar mit der Darstellung der *Verkündung der heiligen Jungfrau Maria* von Pieter Dandini aus Florenz (1701). Im schrägen Altar im Langhaus sieht man die Figur der Gottesmutter, der sog. Wandrerin. Sie wurde so genannt, weil sie viel gewandert ist, um die richtige Niederlassung zu finden. Interessant ist die Kanonenkugel, die in der Wand während der Kämpfe der Konföderaten von Bar mit den russischen Truppen 1768 in der Wand stecken blieb. Man sieht sie im Seitenpfeiler. Links vom Hauptaltar. Das Kreuz vor der Kirche ist den gefallenen Konföderaten gewidmet.

Das Loreto-Häuschen schmückt die gemalte Darstellung des Hausinneren der Heiligen Familie

Zwischen 1712 und 1719 wurde an die Kirche das Loreto-Häuschen angebaut, eine Kopie der Loreto-Kapelle in Italien. Es entstand nach einem Entwurf des Krakauer Architekten Kacper Bażanka und ist mit der Kirche mit Kreuzgängen mit zahlreichen Epitaphen verbunden. Das Krakauer Häuschen – eigentlich eine hohe Kapelle, die mit dem Kult der Gottesmutter von Loreto verknüpft ist – schmückt die gemalte Darstellung des Hausinneren der Heiligen Familie. Tadeusz Kościuszko hat hier 1794 vor Beginn des Aufstands den geweihten Säbel in Empfang genommen.

Die Kapuzinerkirche entstand im Stil des toskanischen Barock, worauf auch ihre schlichte Form hinweist

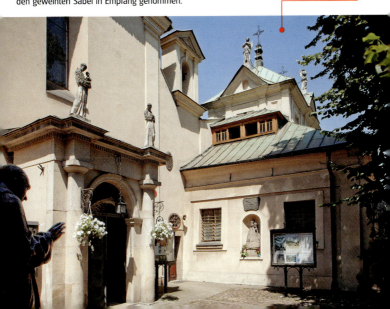

Um die Altstadt

Die Karmeliterkirche wurde vom König Władysław Jagiełło und seiner Gemahlin Jadwiga 1390 gestiftet

Die **Kirche der Heimsuchung der heiligen Jungfrau Maria (Karmeliterkirche auf dem Sande)** in der Ulica Karmelicka 19 wurde vom König Władysław Jagiełło und seiner Gemahlin Jadwiga 1390 gestiftet. 1397 wurde sie dem aus Prag stammenden Karmeliterorden übergeben. In den 70er Jahren des 15. Jh. wurde die Kirche in eine dreischiffige Hallenkirche umgebaut. Während der Schwedenkriege 1655 vollkommen zerstört, wurde sie 1659–1679 im barocken Stil wiederaufgebaut.

Die turmlose, zweistöckige Fassade erinnert an die Peter- und Paul-Kirche in der Ulica Grodzka. In den flachen Nischen befinden sich drei Skulpturen: Gottesmutter mit Jesus und zwei Heilige aus dem Karmeliterorden.

Die dreischiffige Basilika hat ein mehreckig abgeschlossenes Presbyterium, das genauso lang ist wie die Schiffe. Das Presbyterium mit östlich angebauten Türmen schmückt ein Altar vom Ende des 17. Jh. mit dem Flachrelief *Heimsuchung der hl. Elisabeth* aus der Werkstatt von Jerzy Hankis.

An der Südseite befinden sich zwei Kapellen – die Kapelle der Gottesmutter mit dem Skapulier und die Kapelle der Gottesmutter auf dem Sande mit dem wundertätigen Fresko mit der Darstellung der Gottesmutter mit dem Kind (sog. Herrin von Krakau) aus dem 17. Jh. Das Bild eines unbekannten Klosterbruders, das gegen Ende des 15. Jh an der Außenwand der Kirche gemalt wurde, war für die Wunder berühmt, die u.a. die Königin Bona und der König Jan III Sobieski erbeteten. In der Südfassade befindet sich die Darstellung der Golgatha mit Skulpturen aus dem 18. Jh. sowie der Fußabdruck der Königin Jadwiga, der mit der Sage über den Besuch der Königin auf der Baustelle verknüpft ist.

Im Norden schließen sich der Kirche die Klostergebäude der Karmeliter aus dem 17. Jh. an. In ihren Kreuzgängen befinden sich

Der Altar in der Kapelle Maria auf dem Sande mit dem wundertätigen Fresko Maria mit dem Kind

Um die Altstadt

Gemälde aus der Mitte des 18. Jh., die die Geschichte
der Bauarbeiten und des wundertätigen Bildes der Gottesmutter
auf dem Sande darstellen.

Die **Stiftskirche St. Florian** am Plac Matejki (Warszawska 1b) steht
am Anfang des historischen Königsweges. Der ursprüngliche
romanische Bau entstand um die Wende des 12. und 13. Jh.
in der Vorstadt von Krakau, in der Siedlung, aus der später
der Stadtteil Kleparz entstand. Mit der Entstehung der Kirche ist eine
Sage verbunden. Die Ochsen, die 1184 den Wagen mit dem Reliquien
des Heiligen zogen, sollen an dieser Stele angehalten haben
und liefen erst weiter, als sich Fürst Kasimir der Gerechte verpflichtete,
an dieser Stelle eine Kirche zu bauen. Die Kirche wurde 1226
von dem Chronisten und Krakauer Bischof Wincenty Kadłubek
konsekriert. Im 14. Jh. wurde die von den Tataren zerstörte
romanische Kirche im gotischen Stil in eine dreischiffige Hallenkirche
umgebaut. Nach den Bränden im 17. Jh. wurde sie 1657–1684
im barocken Stil zu einer dreischiffigen, vierjochigen Basilika mit zwei
quadratischen Türmen wiederaufgebaut und erhielt ein gotisches,
von drei Seiten abgeschlossenes Presbyterium. Die Fassade
mit der Figur des hl. Florian in der Mitte krönt ein dreieckiger Giebel
zwischen zwei Türmen mit neobarocken Helmen. Die neobarocke
Vorhalle bedeckt eine Kuppel. Das im spätbarocken und Rokokostil
aus dem 17. und 18. Jh. ausgestattete Innere überspannt
ein Tonnengewölbe. Die Stuckdekoration im Stil des Neorokoko
stammt von Jan Szczepkowski (1907), die Wandmalereien
von Wacław Taranczewski
(1965). Im Presbyterium steht
spätbarockes Chorgestühl
und der barocke Hauptaltar
mit dem wertvollen Bildnis
des hl. Florian, das 1686 von
Jan Trycjusz, dem Hofmaler des
Königs Jan III. Sobieski gemalt
wurde. Sehenswert ist das aus
der Marienkirche stammende
Triptychon vom Johannes dem
Täufer. In der Schatzkammer
wird ein Türmchenreliquiar eines
Komturen aus dem Deutschen
Orden aufbewahrt, das bei
der Schlacht bei Tannenberg
erbeutet und vom König
Władysław Jagiełło der Kirche
geschenkt wurde.

In der St. Florian-Kirche
war 1949–1951 Karol Wojtyła
als Vikar tätig, der sie 1999,
bereits als Papst Johannes
Paul II., zum Rang einer Basilika
Minoris erhob.

**Die Stiftskirche
St. Florian steht am
Anfang des historischen
Königsweges**

Um die Altstadt

Die **St. Nikolai-Kirche** steht in der Ulica Kopernika 9. Die erste romanische Kirche befand sich hier bereits im 11. Jh. Zum ersten Mal wurde sie in der Bulle des Papstes Gregor IX., 1229 erwähnt, wo sie als St. Nikolai-Kapelle im Besitz der Benediktiner aus Tyniec eingetragen ist. Nach der Gründung Krakaus 1257 befand sich

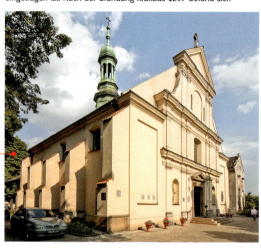

Bemerkenswert ist im Inneren der Nikolaikirche das gotische Pentaptychon aus dem 15. Jh.

die Kirche außerhalb der Stadtmauer. Die Kirche erreichte man durch das Nikolai-Tor. 1456 haben die Benediktiner die Kirche der Krakauer Universität geschenkt.

Als die Schweden 1655 Krakau besetzen, haben sie die Kirche ein Jahr darauf zerstört, um dem Beschuss durch die Artillerie zu verhindern. Nach sehr langen Umbaumaßnahmen wurde die Kirche 1682 erneut konsekriert.

Die Kirche hat eine schlichte Fassade mit Nischen, in denen Statuen der Heiligen Peter und Paul aufgestellt wurden. Im Inneren ist das gotische Pentaptychon aus dem 15. Jh. sehenswert.

Im Innenhof steht die Totenlaterne aus dem 14. Jh., die sich bis 1871 an der Kreuzung der Strassen Długa und Słowiańska, an der sich das nicht mehr vorhandenen St. Valentin-Hospital für Leprakranke befand. .

Vor der Nikolai-Kirche steht die gotische Totenlaterne aus dem 14. Jh.

St. Bernhardin-Kirche aus Siena (Bernhardiner) in der Ulica Bernardyńska 2 ist für ihre hervorragende Akustik bekannt. Die ursprüngliche hölzerne Kirche entstand 1453 aus der Stiftung des Kardinals Zbigniew Oleśnicki. In der 2. Hälfte des 15. Jh. wurde sie umgebaut, es entstand ein Bauwerk im gotischen Stil, das während der Schwedenkriege 1655 vollkommen zerstört wurde. Die heutige frühbarocke Kirche, die 1659–1680 nach dem Entwurf von Krzysztof Mieroszewski gebaut wurde, ist eine dreischiffige Basilika mit Transept und einer Kuppel, die niedriger ist, als die zweitürmige Fassade. Sehenswert sind der Hauptaltar und die vier

Um die Altstadt

Seitenaltäre, hervorragende Beispiele der spätbarocken Schnitzkunst.

Bemerkenswert ist die Stuckdekoration im Gewölbe des Langhauses und des Presbyteriums, an welches sich die Kapelle der hl. Anna mit der Figur der Anna Selbdritt vom Ende des 15. Jh., die wahrscheinlich ein Werk von Veit Stoß ist und die Kapelle St. Simon aus Lipnica mit dem Altarmausoleum aus Marmor und dem Buntglasfenster von Jan Mehoffer anschließen.

Im Inneren der Kirche St. Bernhardin ist der Hauptaltar und die damit vier verknüpften Seitenaltäre, die Komposition ergänzen bemerkenswert – ein herausragendes Beispiel der spätbarocken Schnitzkunst

Die **Kirche der Bekehrung des hl. Paul (Missionarskirche)**,

in der Ulica Stradomska 4, eine Nachahmung römischer Sakralbauten wurde 1719–1732 nach dem Entwurf des Krakauer Architekten Kacper Bażanka errichtet. Die spätbarocke, turmlose Kirche hat eine besonders schöne Fassade aus Sandsteinquadern mit Kalksteindekorationen. Die Renovierung der Fassade wurde erst 1960 abgeschlossen. In dem einschiffigen Inneren mit dem kurzen Presbyterium mit der ellipsenförmigen Kuppel befindet sich ein charakteristisches Spiegelsystem, der die kleine Kirche optisch vergrößert und ihre gleichmäßige Beleuchtung ermöglicht. Hauptbestandteile der Ausstattung sind der Altar aus Marmor (1761–1762) mit dem Gemälde von Tadeusz Kuntze *Bekehrung des hl. Paul*, das spätbarocke silberne Tabernakel und die schönen Wand- und Deckenmalereien von 1862–1864. Ans Langhaus schließen sich beidseitig jeweils drei Kapellen mit Altären aus dem 18. Jh. an und in den das Langhaus umsäumenden Nischen wurden Figuren von 10 Aposteln aufgestellt.

In dem sich an die Kirche anschmiegenden Kloster ist das Historische und Missionsmuseum untergebracht, wo man u.a. das Porträt von Stefan Batory aus dem 16. Jh. besichtigen kann.

In der Kirche der Bekehrung St. Paulus befindet sich ein Spiegelsystem, das Innere vergrößert und eine gleichmäßige Beleuchtung ermöglicht

Kazimierz

Die Stadt **Kazimierz** wurde 1335 vom König Kasimir dem Großen, der der Stadt seinen eigenen Namen verlieh, auf dem Gebiet des einstigen Dorfes Bawół gegründet. Die mit einer imposanten Mauer umsäumte Stadt lag zwischen zwei Armen der Weichsel.

Ein Weichselarm – der an der Stelle der heutigen Strasse Dietla verlief, trennte die Stadt von Krakau. 1495 entstand kraft eines Beschlusses von Jan Olbracht im östlichen Teil von Kazimierz eine selbständige jüdische Stadt, die sich um die heutige Strasse Szeroka konzentrierte und wo die aus Krakau umgesiedelte Bevölkerung untergebracht wurde. Seitdem funktionierten in der Stadt gleichzeitig zwei Kulturen: die christliche und die jüdische.

Auf dem Gebiet des jüdischen Viertels,

Die Alte Synagoge gehört zu den ältesten jüdischen Sakralbauten in Polen

der von dem katholischen durch eine Mauer getrennt war, entstanden wunderschöne Synagogen, Schulen, prächtige Häuser und Friedhöfe, die größtenteils bis heute erhalten sind. Kazimierz wurde zum wichtigen Zentrum der jüdischen Kultur in Polen und zum größten Wohnort der Juden in Europa. 1800 wurde entschieden, Kazimierz Krakau – als ein neues Stadtviertel – einzugliedern und 1822 wurde die Mauer der jüdischen Stadt abgetragen, was der jüdischen Bevölkerung Bewegungsfreiheit gewährleistete.

Basilika St. Erzengel Michael und Stanislaus, des Gemarterten (Paulaner-Kirche auf dem Felsen)

Während der Nazibesatzung im 2. Weltkrieg wurde Kazimierz zerstört und die Krakauer Juden kamen ins Ghetto, das am anderen Weichselufer entstand. Von dort wurden viele von ihnen in Konzentrationslager verschleppt bzw. umgebracht.

Verlassen und verwahrlost verfiel Kazimierz nach dem Krieg dem Ruin und wurde zu einem tristen und gefährlichen Viertel mit zerfallenden Häusern und Mauern. Seit über zehn Jahren gewinnt das jüdische Viertel seinen ehemaligen Glanz wieder, es wird immer attraktiver und zieht zahlreiche Besucher an. Beigetragen haben dazu auch der hier von Steven Spielberg gedrehte Film *Schindlers Liste* und das alljährlich stattfindende Festival der Jüdischen Kultur.

Das heutige Kazimierz ist voller Leben – es gibt hier unzählige Restaurants, originell ausgestattete Bierstuben und Cafes, interessante Galerien und Museen, kleine Geschäfte, gemütliche Hotels und Pensionen – all das trägt zur einmaligen Atmosphäre dieses Ortes bei. Kazimierz ist immer noch eines der weltweit bedeutendsten Zentren des jüdischen Kulturerbes und steht auf der Liste des Weltkultur- und Naturerbes der UNESCO.

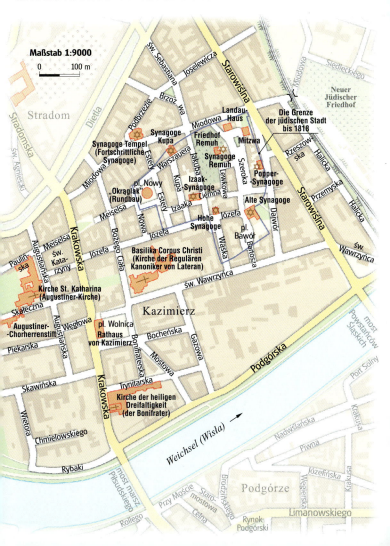

Kazimierz

Die Ulica Szeroka umsäumen Synagogen, stilvolle Restaurants und Hotels – in welchen man meistens an die jüdische Tradition und Kultur anknüpfen will, um das hier vor dem Krieg herrschende Klima wiederzugeben

Ulica Szeroka (Breite Strasse) ist in der Tat die breiteste Strasse in Krakau – eigentlich ein ausgedehnter länglicher, rechteckiger Platz. Früher war sie der Mittelpunkt der jüdischen Stadt – ihr Marktplatz, um den sich das Leben der Einwohner konzentrierte. Erhalten sind hier zahlreiche historische Objekte der jüdischen Kultur, die in diesem Führer beschrieben werden: Die Alte Synagoge (Nr. 24), die Synagoge und der Friedhof Remuh (Nr. 40) und die Popper-Synagoge (Nr. 16). Andere interessante Gebäude sind: das jüdische Ritualbad – Mitzwa aus dem 16. Jh. (Nr. 6) und das aus der Renaissance stammende Landau-Haus (Nr. 2) mit der Fassade aus Backstein und Stein. Im nördlichen Teil der Strasse befand sich einst ein kleiner Friedhof, vermutlich Teil des Friedhofs Remuh.

Heute zieht die von Synagogen, stilvollen Restaurants und Hotels – in welchen man meistens an die jüdische Tradition und Kultur anknüpfen will, um das hier vor dem Krieg herrschende Klima wiederzugeben – umsäumte Strasse Besucher aus der ganzen Welt an. Hier findet auch das Finalkonzert des alljährlich stattfindenden Festivals der jüdischen Kultur statt.

Die Alte Synagoge ist eines der wertvollsten Objekte der jüdischen Architektur in Europa

Die **Alte Synagoge** in der Szeroka 24 gehört zu den ältesten jüdischen Sakralbauten in Polen und ist eines der wertvollsten Objekte der jüdischen Architektur in Europa. Erbaut wurde sie gegen Ende des 15. Jh. von tschechischen Juden, nach dem

Kazimierz

architektonischen Vorbild der zweischiffigen gotischen Synagogen in Regensburg, Worms und Prag. Nach dem Brand von 1557 wurde sie von Matteo Gucci im Stil der Renaissance umgebaut und fungierte bis 1939 als wichtigste Synagoge und als Kultur- und Verwaltungszentrum der Krakauer Juden. Im 2. Weltkrieg wurde sie von den Deutschen als Lagerhaus benutzt und devastiert. Nach dem Krieg wurde sie restauriert und dem Historischen Museum der Stadt Krakau für jüdische Sammlungen zur Verfügung gestellt. Unter den Exponaten befinden sich: eine geschmiedete Bima, eine barocke Schatztruhe, Kronen und Hüllen für die Tora, liturgische Gegenstände und Hausrat. Eine Sonderausstellung ist dem Martyrium der Juden während des 2. Weltkrieges gewidmet.

Besonders sehenswert ist in der Alten Synagoge die geschmiedete Bima

In der kleinen **Synagoge Remuh**, in der Ulica Szeroka 40, wird bis heute Gottesdienst abgehalten. Die Mitte des 16. Jh. von Israel Isserles Auerbach gestiftete Renaissance-Synagoge, wurde nach seinem Sohn Moses Isserles, genannt Rabbi Moses (Remuh; 1520–1572) benannt, der Gelehrter, Philosoph und Rabbi der Krakauer jüdischen Gemeinde war. Die ursprünglich aus Holz erbaute Synagoge ist 1557 abgebrannt, sie wurde jedoch schnell wiederaufgebaut und zwar vom Krakauer Architekten Stanisław Baranek. Ihre heutige Form erhielt sie nach der gründlichen Restaurierung von 1829 unter der Leitung von August Pluszyński. Während des 2. Weltkrieges zerstört und beraubt, wurde sie 1957 wiederaufgebaut. Im Inneren des rechteckigen, einschiffigen Gebetssaales, den ein Tonnengewölbe überspannt, befindet sich der steinerne Altarschrein aus der Renaissance. In seiner Nähe steht der Stuhl, in dem – einer Sage nach – der Rabbi Remuh betete. Als Zeichen der Verehrung brennt dort immer ein Lämpchen. In der Mitte des Raumes steht die rekonstruierte Bima, die mit einem kunstvoll gearbeiteten Eisengitter eingesäumt ist.

In der kleinen Synagoge Remuh wird bis heute Gottesdienst abgehalten

Kazimierz

Der **Friedhof Remuh**, der auch Alter Friedhof genannt wird, ist die älteste jüdische Nekropole in Krakau. Er wurde 1533 angelegt. Auf dem Friedhof, der sich an die Synagoge Remuh angliedert, befinden sich viele historische Grabstätten. Den größten Kult genießt das Grab von Moses Isserles, das häufig, insbesondere an seinem Todestag, von Juden aus der ganzen Welt besucht wird.

Die **Izaak-Synagoge** in der Ulica Kupa 16 wurde Mitte des 17. Jh. von dem Kaufmann Izaak Jakubowicz gestiftet und wird meistens als Eizik--Synagoge bezeichnet. Die größte Synagoge in Krakau ist ein imposanter barocker Bau, dessen Ausstattung üppiger als die der anderen Synagogen in Kazimierz war. Am Eingang befindet sich ein Arkadenportal, das Innere schmücken barocke Stuckdekorationen und Inschriften aus dem 17. Jh.

In der Synagoge werden häufig Archivfilme vorgeführt, die die Geschichte des jüdischen Kazimierz zeigen: *Krakauer Kazimierz* von 1936 und ein Film über die Deportierung der Juden ins Ghetto im Stadtteil Podgórze im Jahre 1940.

> Der Friedhof Remuh ist die älteste jüdische Nekropole in Krakau

> Die Izaak-Synagoge ist die größte Synagoge in Krakau, in der Vergangenheit die am reichsten ausgestattete Synagoge in Kazimierz

Die **Synagoge Tempel (Fortschrittliche Synagoge)** in der Ulica Miodowa 24 wurde in der 2. Hälfte des 19. Jh. für den Verein der Fortschrittlichen Juden gebaut, die in die jüdische Liturgie Änderungen einführten, die von den orthodoxen Juden abgelehnt wurden. Es ist die jüngste Synagoge in Krakau, die mehrmals

Kazimierz

umgebaut wurde. Sie behielt jedoch bis heute ihre ursprüngliche Gestalt. Die Außenfassade ist im gemischten, mauretanischen und Neorenaissance-Stil gehalten, über dem Haupteingang stehen hebräische Zitate. Im reich dekorierten, restaurierten Inneren stechen die Stuckdekorationen und stilisierte Muster an den Wänden, interessante Buntglasfenster aus dem 19. Jh. und sieben Gedenktafeln ins Auge. Mehrere Male im Jahr finden in der Synagoge Tempel feierliche religiöse Zeremonien statt, an denen Juden aus der ganzen Welt teilnehmen.

Die Synagoge Tempel wurde in der 2. Hälfte des 19. Jh. für den Verein der Fortschrittlichen Juden gebaut

Die **Popper-Synagoge** in der Ulica Szeroka 16 wurde 1620 von dem Kaufmann Wolf Popper (Bocian) gestiftet. Da sie nicht besonders groß ist, ist sie auch unter dem Namen Kleine Synagoge bekannt. Die im barocken Stil gebaute Synagoge mit massiven Strebepfeilern ist viereckig. Im Inneren befindet sich ein viereckiger, mit einem Tonnengewölbe überspannter Gebetssaal, in den man durch eine kleine Diele gelangt. An den Wänden und im Gewölbe sieht man Reste ehemaliger Bemalung. Vor dem Eingang in der Ulica Szeroka befindet sich ein kleiner Innenhof, der mit einem kunstvoll gearbeiteten Tor abgeschlossen ist. Untergebracht ist hier gegenwärtig das Altstädtische Jugendkulturzentrum.

Die barocke Popper-Synagoge wird auch als Kleine Synagoge bezeichnet

Kazimierz

Im gründlich restaurierten Inneren der Synagoge Kupa entzücken die einmaligen Wand- und Deckenmalereien

Die **Synagoge Kupa** in der Ulica Warszauera 8 wurde 1643 von der Kahal-Stiftung („*kupa*" – Kahalschatz), als letzte während der Existenz der jüdischen Stadt gestiftet. Früher hieß sie Hospital- bzw. Armen-Synagoge, weil sie ein Krankenhaus für ärmere Gemeindemitglieder führte. Sie wurde im barocken Stil auf dem Grundriss eines Vierecks an der mittelalterlichen Wehrmauer von Kazimierz gebaut, deren erhaltener Teil sich dem Gebäude anschließt.

Bemerkenswert sind in dem gründlich renovierten Inneren der Altarschrein aus dem 17. Jh. und die einmaligen Wand- und Deckenmalereien mit Darstellungen von Städten des Heiligen Landes, Sternzeichen und Musikinstrumenten. Im Fußboden inmitten des Gebetssaales sieht man mit dunklen Kacheln gekennzeichnete Fundamente der ehemaligen oktogonalen Bima. Sie wurde ähnlich, wie die meiste Ausstattung während der Nazibesatzung zerstört.

Heute fungiert die Synagoge als Begegnungsort, Konzert- und Ausstellungssaal, insbesondere während des Festivals der Jüdischen Kultur.

Die Hohe Synagoge. Nachbau der Synagoge in der tschechischen Hauptstadt Prag

Die **Hohe Synagoge (Wysoka)** in der Ulica Józefa 38 wurde in der 2. Hälfte des 16. Jh. gebaut. Als Nachbau der Synagoge in der tschechischen Hauptstadt Prag, stand sie am mittelalterlichen Tor zur jüdischen Stadt. Der Name ist auf die untypische Lage des Gebetssaales – im Obergeschoss – zurückzuführen. Es ist die höchste, monumentale Renaissance-Synagoge in Krakau. Im Süden wird sie von vier mächtigen Strebepfeilern gestützt (ul. Józefa), zwischen welchen sich drei hohe, halbrund abgeschlossene Fenster befinden. Im Inneren sind nur einige wenige, jedoch sehr wertvolle Elemente der einstigen Ausstattung erhalten – die steinerne Umrahmung des Altarschreins in der Ostwand und Reste von Wandmalereien mit Gebetstexten.

Gegenwärtig finden in der Hohen Synagoge Konzerte, Begegnungen sowie Zeichnung- und Fotoausstellungen statt.

Kazimierz

Der **Plac Nowy**, der auch als Jüdischer Platz genannt wird, ist das Kultur- und Einkaufszentrum von Kazimierz. Die heutige Form bekam er im 19. Jh. und die Bebauung entstand um die Wende des 19. und 20. Jh. 1900 wurde in der Mitte des Platzes der sog. „Okrąglak" (Rundbau) – eine Markthalle gebaut. Ab 1927 bis zum 2. Weltkrieg pachtete ihn die jüdische Gemeinde für rituelle Federviehschlachtung.

Heute ist der „Okrąglak" wieder eine Markthalle, untergebracht sind darin Geschäfte und Schnellimbisse. 2008 wurde der Bau ins Verzeichnis historischer Gebäude eingetragen. An den Wochentagen fungiert der Platz als Marktplatz, wo man sowohl Gemüse als auch wertvolle Antiquitäten kaufen kann, am Sonntag wird hier Second-Hand--Kleidung verkauft.

Der sog. Rundbau steht in der Mitte des Plac Nowy. Er wurde 1900 als Markthalle errichtet

Die **Basilika Corpus Christi (Kirche der Regulären Kanoniker von Lateran)** steht in der Ulica Bożego Ciała 26. Der Bau der vom König Kasimir dem Großen gestifteten der Kirche begann um 1340, fertig gestellt wurde sie 1405. 2005 wurde sie vom Papst Johannes Paul II. in den Rang der Basilika Minor erhoben.

Die dreischiffige Kirche, eine der größten und schönsten in Krakau, deren westlicher Turm 70 m hoch ist, verknüpft architektonische Elemente aus verschiedenen Epochen: der zackige Fassadengiebel stammt aus der Gotik, der Glockenturm aus der Renaissance, die Anbauten und die Seitenkapellen aus dem Barock.

Das im barocken Stil gehaltene Innere stammt aus dem 17. und 18. Jh. Am interessantesten ist das Chorgestühl im Presbyterium (das schönste in Krakau), die Kanzel in Form eines auf Wellen schwebenden Bootes, das von zwei Sirenen und Delfinen getragen wird, der Hauptaltar mit den Gemälden von Tomaso Dolabella und das Renaissance-Mausoleum des gebenedeiten Stanislaus Kazimierczyk.

Die Fronleichnamsbasilika wurde vom König kasimir dem Großen gestiftet

Ein äußerer Säulengang verbindet die Kirche mit dem Kloster der Regulären Kanoniker von Lateran, die von Władysław Jagiełło 1405 aus Kłodzko (Glatz) nach Krakau geholt wurden. Er vertraute ihnen die Betreuung der Kirche an, die von ihnen übrigens bis heute ausgeübt wird. Das Kloster und die Basilika, die eine 2,5 m hohe Mauer

Kazimierz

Im Presbyterium der Augustinerkirche befindet sich der frühbarocke Hauptaltar mit der Darstellung der mystischen Verehelichung von St. Katharina

Die Kirche St. Katharina. Das große, dreischiffige Bauwerk mit der schmalen Silhouette ist eines der besten Beispiele der gotischen Architektur in Polen

umsäumt, waren Sitz von Karl Gustav, von hier befehligte der schwedische König die Belagerung Krakaus.

In der Kirche befindet sich die stadtgrößte Orgel, die für 82 Stimmen entworfen wurde.

Die **Kirche St. Katharina (Augustiner-Kirche)**, in der Ulica Augustiańska 7 ist ein Nachbau der Marienkirche. Erbaut wurde sie im 14. Jh. aus der Stiftung des Königs Kasimir des Großen für die Augustiner, die 1343 aus Prag nach Krakau kamen.

Die Geschichte der Kirche verzeichnete zahlreiche fatale Ereignisse und Kataklysmen. Zuerst erlitt sie große Schäden während des Erdbebens 1443, dann infolge einer Hochwasserkatastrophe und drei Bränden im 16. und 17., um während des nächsten Erdbebens, 1786 erneut zerstört zu werden. Während der sog. „Schwedischen Sintflut" wurde hier ein militärisches Krankenhaus eingerichtet, später wurde sie von den österreichischen Truppen als Waffenlager genutzt, noch später fungierte sie als Heu- und Strohschober. Der Zustand der Kirche war so tragisch, dass der Senat der Freien Stadt Krakau sie 1827 abreißen wollte. Den Augustinern ist es jedoch gelungen, Gelder für ihre Renovierung zu sammeln, die Mitte des 19. Jh. begann und die mit Unterbrechungen bis heute andauert.

Das große, dreischiffige Bauwerk mit der schmalen Silhouette ist eines der besten Beispiele der gotischen Architektur in Polen. Im Norden schließt sich der Kirche das große Gebäude des Augustinerklosters mit einem Innenhof und Kreuzgängen mit wertvollen Fresken an. Im Süden steht der Kirche eine spätgotische Kirchenvorhalle mit üppiger Steindekoration vor, heute fungiert sie als Haupteingang in die Kirche.

Das Innere hat eine recht schliche Ausstattung. Bemerkenswert ist im schmalen fünfjochigen Presbyterium, das ein Sterngewölbe

aus der Mitte des 15. Jh. überspannt, der frühbarocke, dreistöckige
Hauptaltar aus den 30er Jahren des 17. Jh. mit dem Gemälde,
auf dem die mystische Vermählung der hl. Katharina dargestellt ist.
Im Presbyterium befindet sich auch sehr schön dekoriertes,
neogotisches Chorgestühl. Ein anderes interessantes Element ist das
von Santi Gucci angefertigte Grabmal (Mausoleum) von Wawrzyniec
Spytek Jordan aus der Renaissance (1603) im Südschiff.

Aus dem Südschiff kommt man in die Kapelle der hl. Monika, auch
unter Monika von Ungarn genannt, – aus dem 15. Jh. Das Gewölbe
trägt ein oktogonaler Pfeiler, der gegenwärtig als Oratorium
der Augustinernonnen fungiert. Die Kapelle kann nur einmal im Jahr
besichtigt werden – am 26. April, am Feiertag der Gottesmutter
vom Guten Rat, deren Abbild im Altar zu sehen ist.

Die Augustiner-Kirche ist das bedeutendste Kultzentrum der hl. Rita
(Rita von Cascia) in Polen. Die 1942 nach dem Entwurf von Adolf
Szyszko-Bohusz in Holz geschnitzte Figur der Heiligen befindet sich
auf der rechten Seite des Bogenbalkens. Der Kult dieser Heiligen,
der Patronin der schwierigen und aussichtslosen Anliegen, entwickelt
sich seit mehreren Jahren sehr dynamisch. Am 22. jeden Monats
kommen viele Gläubige, die Rosen mitbringen, die sog. Rita-Rosen
sind nämlich eine Symbolisierung der hl. Rita.

In der Kirche finden häufig Instrumental- und Chorkonzerte statt,
da sie eine sehr gute Akustik hat.

Hl. Rita von Cascia

Die **Kirche der heiligen Dreifaltigkeit (der Bonifrater)**,

in der Ulica Krakowska 48 ist Mitte des 18. Jh. für die Trinitarier erbaut
worden. Nach dem Zerfall des Ordens 1796 ist sie in ein militärisches
Waffenlager umfunktioniert worden, bis sie 1812 von den Bonifratern
– einem italienischen Orden, der 1609
nach Krakau kam, übernommen wurde.
In den leerstehenden Räumen haben sie
dann ein Krankenhaus eingerichtet.

Die spätbarocke Kirche
der Heiligen Dreifaltigkeit
hat eine der schönsten
Fassaden in Polen

Das spätbarocke Bauwerk hat eine
der schönsten Fassaden in Polen.
Sie befindet sich zwischen der Fassade
des Klosters und des benachbarten
Hauses, ihr Autor ist Francesco Placidi.
Das kleine einschiffige Innere
mit Seitenkapellen besticht durch seine
spätbarocke Anmut, seine
Stuckdekorationen und Deckenmalereien
im Gewölbe des Schiffes, die die
Geschichte der Trinitarier verbildlichen.
Den neobarocken Hauptaltar
im Presbyterium beherrscht
die Figur von Jesus von Nazareth,
in den Seitenaltären sind
die Bildnisse von Juda Thaddäus
und hl. Kajetan hervorzuheben.

Heute ist im Kloster, in der Ulica
Trynitarska das Hospital des Ordens
der Bonifrater St. Jan Grandy
untergebracht.

Kazimierz

Die Kirche auf dem Felsen und das sich nördlich anschließende Kloster sind ein wunderschönes Beispiel der Sakralarchitektur des Spätbarocks

ein sehr schönes Beispiel einer Kirchenanlage aus dem späten Barock. Umgangssprachlich wird sie als Kirche auf dem Felsen genannt.

An der Stelle der heutigen stand einst eine heidnische Kirche, im 11. Jh. entstand dann der romanische Bau. Hier soll – wie der Volksmund erzählt – 1079 der Krakauer Bischof Stanisław Szczepanowski infolge eines Konflikts zwischen der weltlichen und kirchlichen Macht zum Tode gequält worden sein. Verurteilt wurde er vom König Boleslaus dem Mutigen. Als Erinnerung an dieses Ereignis zieht alljährlich von der Wawel-Kathedrale, wo sich sein Grab befindet, zur Kirche auf dem Felsen, dem Ort seines Todes und seiner Verehrung eine Prozession, der der Primas Polens vorangeht.

Die gotische Kirche, die vom König Kasimir dem Großen gestiftet wurde, wurde im 14. Jh. gebaut. Die heutige barocke Kirche entstand infolge eines gründlichen Umbaus, der 1733–1751 erfolgte, zunächst nach den Plänen von Anton Müntzer, dann von Anton Solari. Das Bauwerk mit zwei barocken Türmen mit Helmen hat den Charakter einer dreischiffigen Basilika. Zum Eingang führt eine imposante Treppe, deren Stufen nach den Stiftern der gegen Ende des 19. Jh. durchgeführten Renovierung tragen.

Besonders sehenswert ist im Inneren der Paulaner--Kirche die wunderschön dekorierte Kanzel

Bemerkenswert sind in dem im Stil des Barock reich ausgestatteten Inneren die wunderschön verzierte Kanzel, die Beichtstühle, das neobarocke Gestühl und die Rokoko-Orgel. Entlang der Wände stehen zahlreiche Büsten, u.a. von Augustyn Kordecki, des Verteidigers von Jasna Góra, von Jan Długosz und Johannes Paul II. Die Büste erinnert an den Papstbesuch von 1979. Im Hauptaltar befindet sich ein Gemälde aus dem 18. Jh. mit dem Bildnis vom Erzengel Michael. Unter den Seitenaltären sind der dem hl. Stanislaus gewidmete, im linken Seitenschiff, in dessen Nähe er den qualvollen Tod erlitten haben soll, befindliche Altar und der im rechten Seitenschiff befindliche Altar der Gottesmutter von Tschenstochau bemerkenswert.

Im Innenhof der Kirche befindet sich der kleine Teich des hl. Stanislaus, der als „Weihwasserbecken Polens" bezeichnet wird, mit der Figur des Heiligen und der Altar der Drei Jahrtausende, der 2008 vom Kardinal Stanisław Dziwisz eingeweiht wurde. Im unterirdischen Gewölbe der Kirche befindet sich

Kazimierz

die einschiffige **Krypta der Verdienten** mit Jugendstil-Wandmalereien mit Wappen polnischer Gebiete. Neben Wawel ist es die zweite Bestattungsstätte berühmter Polen in Krakau. Sie entstand 1880 zum 400. Todestag des Chronisten Jan Długosz, dessen Asche als erste hier niedergelegt wurde. In der Krypta ruhen Gelehrte und Künstler, die sich für die polnische Wissenschaft und Kultur besonders verdient gemacht haben, u.a.: Józef Ignacy Kraszewski, Adam Asnyk, Stanisław Wyspiański, Karol Szymanowski und Czesław Miłosz.

Im unterirdischen Gewölbe der Kirche auf dem Felsen befindet sich die im Jugendstil dekorierte einschiffige Krypta der Verdienten

Das **Rathaus von Kazimierz**, am Plac Wolnica 1 entstand im 15. Jh. als Sitz der Stadtoberhäupter von Kazimierz. Später wurde es mehrmals umgebaut. Im 16. und 17. Jh. wurde dem Ganzen Renaissance-Charakter verliehen, es erhielt einen Zinnefries und Attikas und einen Turm mit einem kegelförmigen Helm. Nachdem Kazimierz um die Wende des 18. und 19. Jh. Krakau eingegliedert wurde, wurde das Rathaus versteigert – es wechselte häufig seine Besitzer und seine Bestimmung und verfiel allmählich dem Ruin. Zwischen 1875 und 1877 wurde es ausgebaut und erhielt den neuen, südlichen Flügel, der für eine Schule bestimmt war. Nach dem 2. Weltkrieg wurde es an das Ethnografische Museum abgegeben, das bis heute als die älteste museale Einrichtung in Polen existiert.

Der **Plac Wolnica** ist ein Überbleibsel des ehemaligen, viermal größeren Marktplatzes von Kazimierz, in dessen Mitte das Rathaus stand. In der Vergangenheit war der Platz ein wichtiger Handelsknoten auf der Salzstrasse, die von Krakau nach Wieliczka und Bochnia führte. Sie führte durch die Mitte des damaligen Marktplatzes, die heutige Ulica Krakowska. Seinen Namen verdankt der Platz dem Privileg des freien Verkaufs von Fleisch – außerhalb der Fleischbänke – das vom König Kasimir dem Großen verliehen wurde.

Mitten auf dem Platz, dessen Häuserfassaden im Norden und Osten bis heute unverändert blieben, steht der wunderschöne Springbrunnen mit der Skulptur *Drei Musikanten* von 1970. Alljährlich finden hier im Sommer Konzerte, Jahrmärkte und Kochfestivals statt.

Das Rahaus von Kazimierz am Plac Wolnica schmückt eine Attika mit Zinnenfries und ein Turm mit kegelförmigen Helm

Vororte von Krakau

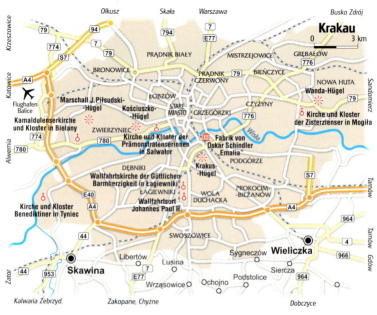

Die Lubomirski-Kapelle schmücken Stuckdekorationen, die vermutlich von Giovanni Battista Falconi stammen

Kirche der Himmelfahrt der Heiligen Jungfrau Maria (Kamaldulenserkirche in Bielany) in der Al. Konarowa 1.

Die über der Wolski-Heide hinausragenden weißen Türme am Gipfel des Silbernen Berges weisen auf die Stelle hin, an der sich in der Vergangenheit die Kamaldulenser angesiedelt haben. Sie wurden vom Großen Kronmarschall Mikołaj Wolski nach Polen geholt, der auch den Bau der Klosteranlage stiftete. Mit der Übergabe der Ländereien ist eine interessante Legende verknüpft – sie gehörten dem Kastellanen Sebastian Lubomirski, der sie nicht veräußern wollte. Wolski gab daraufhin ein großes Festmahl aus, wozu er viele ehrwürdige Gäste einlud. – Am Ende des Schmauses, als alle bereits guter Laune waren, hat er die Frage der Kamaldulenser und der Errichtung der Einsiedelei aufgeworfen. Lubomirski erklärte nolens volens, dass er seine Ländereien an die Ordensbrüder überschreibt. Wolski, der die Schenkungsurkunde schon parat hielt, ließ sie von Lubomirski unterzeichnen und schenkte ihm dafür wunderschönes Silbergeschirr. Als Erinnerung an dieses Ereignis wurde der Hügel, auf dem das Kloster gebaut wurde, Silberner Berg genannt. 1605 wurde mit dem Bau von 20 Einsiedlerhäusern begonnen und vier Jahre später wurde die Stelle für die zu bauende Kirche der Himmelfahrt der Heiligen Jungfrau Maria gesegnet. Nach sieben Jahren ist ein Teil der Kirche eingestürzt. Die Bauleitung übernahm der italienische Architekt Andrea Spezza, nach dessen Projekt die Kirche 1630 fertig gebaut wurde.

Die Fassade aus Kalksteinquadern beherrschen zwei Türme. Das einschiffige Innere überspannt ein Tonnengewölbe, das Presbyterium ist gerade abgeschlossen, die reihenweise angeordneten Kapellen sind zum Langhaus hin geöffnet. Der Hauptaltar mit der Darstellung der Himmelfahrt der Heiligen

Vororte von Krakau

Jungfrau Maria von Michał Stachowicz ist eine Kopie des früheren, der 1814 abgebrannt ist. In der Königlichen und in der St. Romuald-Kapelle befinden sich meistens Gemälde des Hofmalers der Wasa – Tomaso Dolabella. Die Kapelle der Familie Lubomirski (auch. St. Sebastian-Kapelle) schmücken Stuckdekorationen, die vermutlich von Jan Battista Falconi stammen.

Der Tag eines Einsiedlermönches beginnt um 3.45 Uhr und ist genau verplant – er besteht aus Gebet, körperlicher Arbeit, fleischlosen Mahlzeiten, Lesen, Nachsinnen und Freizeit. Im Kloster herrscht die Schweigepflicht, die nur bei dringender Notwendigkeit gebrochen werden darf. Dreimal in der Woche, dienstags, donnerstags und samstags dürfen die Mönche kurz miteinander sprechen. Die Kirche in Bielany ist für Frauen – bis auf 12 Tage im Jahr – geschlossen.

Die **Kirche der Heiligen Apostel Peter und Paul (Benediktiner in Tyniec)** steht in der Ulica Benedyktyńska 37. Nach den Überlieferungen des Chronisten Jan Długosz wurden die Benediktiner 1044 vom Fürsten Kasimir dem Erneuerer (Kazimierz Odnowiciel) nach Krakau geholt und auf der Wawel-Burg angesiedelt. In der 2. Hälfte des 11. Jh. stiftete Boleslaus der Mutige in Tyniec, auf dem Hügel am Weichselufer die romanische Kirche und das Kloster. Die Abtei wurde 1260 erfolgreich von den Mongolen angegriffen und zerstört. Kurz darauf wurde sie wieder aufgebaut und mit festen Militäreinheiten bestückt. Im 15. Jh. wurde sie im gotischen Stil umgebaut. Das barocke Antlitz mit der charakteristischen Fassade mit zwei Türmen bekam sie zu Beginn des 17. Jh.

Bemerkenswert ist im Inneren, das ein Tonnengewölbe überspannt, der Altar aus dem 18. Jh. aus schwarzem Marmor, der von Francesco Placidi entworfen wurde. 1771/1772 hat das Kloster erhebliche Schäden während der Angriffe der Russen auf die Konföderaten von Bar, die hier Zuflucht fanden, erlitten. Nach der Teilung Polens 1817 haben die österreichischen Besatzer die Abtei geschlossen. Nach dem Brand im Jahre 1831 wurden die Gebäude verlassen

Zweitürmige Fassade der Kamaldulenserkirche in Bielany aus dem 17. Jh.

Malerisch gelegene Benediktiner-Abtei in Tyniec

Vororte von Krakau

Im Innenhof des Benediktiner--Klosters befindet sich ein hölzerner Brunnen von 1620

und sind dem Ruin verfallen. Erst 1939, nach hundert Jahren, haben sich die Benediktiner erneut auf dem Hügel angesiedelt und nach dem 2. Weltkrieg wurde mit dem Wiederaufbau der klösterlichen Anlage begonnen. In der letzten Zeit wurde die sog. Große Ruine wiederaufgebaut – der Südflügel, der 2008 eröffnet wurde. Bemerkenswert ist der Holzbrunnen im Innenhof von 1620, bei dessen Konstruktion kein einziger Nagel verwendet wurde. Während der archäologischen Ausgrabungen in der Kirche, in den 60er Jahren des 20. Jh., wurde ein goldener Reisekelch mit Patene gefunden, dessen Original sich auf dem Wawel befindet. Die Kopie ist im Klostermuseum ausgestellt. Die Abtei ist dank dem hier befindlichen Benediktiner- Kulturinstitut sehr weltoffen.

Die **Kirche der Heiligen Augustin und Johannes des Täufers (Kirche der Prämonstratenserinnen in Salwator)**, in der Ulica Kościuszki 88 ist eine malerische Kloster- und Kirchenanlage, die sich am besten vom gegenüberliegenden Weichselufer – vor dem Hintergrund des bewaldeten Hügels der hl. Bronisława und des Kościuszko-Hügels präsentiert.

Den Sitz der Prämonstratenserinnen, die aus Böhmen kamen, stiftete Jaks Gryfit im Jahre 1162. Die Entfernung der Kirche und des Klosters von der Krakauer Stadtmauer erzwang die Umsäumung der Kloster- und Kirchenanlage mit einer Schutzmauer und Basteien, die aus der Zeit der Regierung von Władysław Jagiełło stammen und bis heute erhalten sind. Nach zahleichen Umbauten hat das Kloster heute ein spätbarockes Kleid. Acht Tage vor dem Fronleichnamstag zieht von hier auf den Marktplatz ein farbiger Umzug, angeführt von Lajkonik und am zweiten Osterfeiertag findet hier das Ablassfest „Emaus" statt. 50 m von der Kirche St. Bronisława entfernt befindet sich die hölzerne Kapelle der hl. Margarethe und Judith aus dem 17. Jh.

In der Nähe steht die von einem Friedhof umsäumte Kirche St.

Das Prämonstratenserinnenkloster vor dem Hintergrund des Kościuszko-Hügels

Vororte von Krakau

Salvatore, die nach dem Angriff der Schweden, im 17. Jh. wiederaufgebaut wurde. Die erste Kirche stand hier vermutlich bereits im 10. Jh. und war die erste christliche Kirche in Krakau.

Die **Kirche und das Kloster der Zisterzienser in Mogiła** steht in der Ulica Klasztorna 11, zwischen der ehemaligen Dorfbebauung. Die Zisterzienser kamen 1222 nach Mogiła, was der Krakauer Bischof Iwo Odrowąż veranlasste. Das Kloster und die Kirche der Himmelfahrt der Heiligen Jungfrau Maria und St. Wenzel wurde 1266 eingeweiht, woran der Fürst Boleslaus der Schamhafte (Bolesław Wstydliwy) und seine Gemahlin, die gebenedeite Kinga teilnahmen. Wie die meisten Krakauer Kloster, wurde auch das Kloster in Mogiła häufig zerstört, geplündert und abgebrannt, wonach es mehrmals restauriert wurde. Die heutige Kirche behielt die bisherige Form einer dreischiffigen Basilika mit einem Transept und einem Presbyterium. Gegen Ende des 18. Jh. entstand die heutige spätbarocke Fassade. Das Langhaus überspannt ein barockes Tonnengewölbe und das Seitenschiff, das Presbyterium und das Transept ein gotisches Kreuzrippengewölbe. Die Renaissance-Wandmalereien entstanden in der 1. Hälfte des 16. Jh. und sind das Werk des Mönchs Stanisław Samostrzelnik. Im Presbyterium befindet sich ein spätgotisches Polyptichon aus Ścinawa mit der Darstellung der Gottesmutter mit Kind im Mittelfeld und biblischen Szenen an den Seiten. Die Kirche und die Kreuzgänge des Klosters verbindet ein Portal aus dem 13. Jh. Links vom Altar, vor dem Presbyterium, befindet sich das Sanktuar des Kreuzes von Mogiła. Das als wundertätig geltende Kruzifix umsäumen zahlreiche Dankgaben für stattgefundene Genesung.

In der Zisterzienserkirche befindet sich das Sanktuar des Kreuzes von Mogiła – links vom Altar, vor dem Presbyterium

Wenn man in Mogiła ist, sollte man unbedingt die aus Lärchenholz gebaute Kirche St. Bartholomäus von 1466 besuchen, die von den Zisterziensern für ihre Gemeindemitglieder erbaut wurde. Es ist die älteste, dreischiffige Hallenholzkirche in Polen.

Wenn man in Mogiła ist, sollte man unbedingt die aus Lärchenholz gebaute Kirche St. Bartholomäus von 1466 besuchen

Die **Wallfahrtskirche der Göttlichen Barmherzigkeit in Łagiewniki**, in der Ulica Siostry Faustyny 3 wird jahrjährlich von zahlreichen Pilgern aufgesucht. 1891 entstanden hier das vom Fürsten Aleksander Lubomirski gestiftete Kloster des Ordens der Schwestern der Barmherzigen Gottesmutter und eine Anstalt für moralisch verkommene Mädchen, die von den Nonnen betreut wurden. In der Zwischenkriegszeit wohnte hier die Ordensschwester Faustyna Kowalska (1905–1938), durch die Christus die Botschaft über die göttliche Barmherzigkeit an die Menschheit überbrachte. Der Kult wurde nach der Beatifizierung der Ordensschwester Faustyna 1993 und ihrer

Vororte von Krakau

Die Wallfahrtskirche der Göttlichen Barmherzigkeit in Łagiewniki wird jahrjährlich von zahlreichen Pilgern aufgesucht

Wallfahrtsort Johannes Paul II.

Kanonisierung im Jahre 2000 noch stärker.

Die Wallfahrtskirche in Łagiewniki wurde zweimal vom Past Johannes II. besucht – 1997 und 2002, als er die neue Basilika konsekrierte. Autor des Bauwerks ist Witold Cęckiewicz, der die zweistöckige ellipsenförmige Kirche und den freistehenden, 77-m hohen Turm entwarf. Ein charakteristisches Merkmal des Altars ist das Gemälde *Jesus, ich vertraue Dir* und das Tabernakel, das die Form der Erdkugel hat.

Der **Wallfahrtsort Johannes Paul II.**, in der Straße Totus Tuus 32, entstand im Rahmen des Johannes-Paul-II.-Zentrums *„Fürchtet Euch nicht!"* auf dem Gelände der ehemaligen Natronherstellungswerke Solvay, wo Karol Wojtyła während des Zweiten Weltkrieges gearbeitet hat. Den Grundstein für das Zentrum wurde von Benedikt XVI. während seiner Polenreise 2006 gesegnet und Kardinal Stanisław Dziwisz hat den Wallfahrtsort 2011 feierlich errichtet.

Im unteren Teil des von Andrzej Mikulski entworfenen Wallfahrtsor-tes befindet sich die achteckige Reliquienkirche mit einem marmornen Altar in der Mitte, wo in einer Glasschatulle eine Blutreliquie des hl. Johannes Paul untergebracht ist. Im Hauptaltar ist ein Bildnis von Johannes Paul II. in Begleitung polnischer Heiliger zu sehen, die von ihm heiliggesprochen wurden. Die Wände der Kirche schmücken Bilder mit Darstellungen der Besuche des Heiligen Vaters in Marien-Wallfahrtsorten in der ganzen Welt. Umgeben ist die Kirche von 8 Oratorien, die mit dem von Johannes Paul II. verfolgten Marienkult verknüpft sind. Das Kirchengewölbe besteht aus Balken, die sich zu einem achtarmigen Stern zusammenschließen und knüpft an die Gestalt der Heiligsten Maria Jungfer des Meeressternes – Stella Maris an. Auf dem Marmorfußboden sind die Wappen von Johannes Paul II., Benedikt XVI. und Kardinal Stanisław Dziwisz zu sehen. 2013 wurde die Obere Kirche eröffnet, deren Wände Mosaiken schmücken, deren Autor Pater Marko Ivan Rupnik ist.

In der Kaplan-Kapelle, für die die Krypta des hl. Leonard in der Wawel-Kathedrale als Vorbild diente, befindet sich die Platte vom Grab Johannes Paul II., die aus den Grotten des römischen Petersdoms

im Vatikan stammt. Auf der Grabplatte befindet sich ein Reliquiar nach dem Vorbild des geöffneten Evangeliums, dessen Seiten während der Beerdigung des Papstes vom Wind umgeblättert wurden.

Am Zentrum gibt es ebenfalls ein Museum, wo persönliche Sachen von Johannes Paul II., und sog. Papstgaben gesammelt und aufbewahrt werden, das heißt Gegenstände, die der Heilige Vater während seiner Apostelreisen geschenkt bekommen hatte.

Das Ganze beherrscht ein viereckiger Turm, der mit einem Kreuz und vier Glocken abschließt. Der Turm ist mit seinen 68 m Höhe der am höchsten gelegene Aussichtspunkt in Krakau.

Die **Fabrik von Oskar Schindler „Emalia"** die sich in Zabłocie in der Lipowa Strasse 4 befindet, assoziieren die meisten mit dem berühmten Film von Steven Spielberg *„Schindlers Liste"*.

Den ersten hier existierenden Betrieb gründeten 1937 drei jüdische Unternehmer unter dem Namen „Erste Emailgeschirr- und Blechwarenfabrik Rekord". Nach dem Ausbruch des zweiten Weltkrieges, im November 1939, übernahm der deutsche Unternehmer Oskar Schindler (1908–1974), ein NSDAP – Mitglied und Agent des militärischen Geheimdienstes Abwehr, den verfallenen Betrieb. Er gründete hier die Deutsche Emailwarenfabrik, die umgangsprachlich als Emalia bekannt war. In der Fabrik, die sowohl den Zivilmarkt als auch die Armee beliefert hat, beschäftigte der neue Besitzer zuerst Polen und nach der Gründung des Krakauer Ghettos Juden, die er vor den Deportationen in die Todeslager rettete. Nach der Ghettoauflösung im März 1943, dank den guten Kontakten und durch Bestechungen, ist es ihm möglich geworden, eine Filiale des Arbeitslagers Płaszów auf dem Gelände der Fabrik zu gründen. Die dort arbeitenden Juden bewohnten die benachbarten Baracken, wo die Lebensbedingungen viel besser als im Hauptlager waren. Zweite Hälfte des Jahres 1944, angesichts der Frontniederlagen, begannen die Nazis mit der Endetappe der Extermination der jüdischen Bevölkerung Krakaus. Das bewegte Schindler dazu, in der Zusammenarbeit mit seinem Buchhalter die berühmte Liste zusammenzustellen, dank der er mehr als 1100 Personen freikaufte und in seine neue Munitionsfabrik in Brünnlitz (heute Brněnec in der Tschechischen Republik) versetzte. Auf diese Weise rettete er diese Menschen vor dem Tod.

Die Fabrik von Oscar Schindler „Emalia" assoziieren die meisten mit dem berühmten Film von Steven Spielberg *„Schindlers Liste"*

Gedenktafel am Eingang zur Schindler- Fabrik

Vororte von Krakau

Auf dem Gipfel des Wanda-Hügels wurde ein steinerner Adler angebracht, den Jan Matejko entworfen hat

Für seine Tätigkeit wurde Oskar Schindler vom israelischen Institut Yad Vashem mit der Medaille des Gerechten unter den Völkern ausgezeichnet.

Heute befinden sich die alten Betriebshallen in den Händen von zwei Institutionen. Das Historische Museum der Stadt Krakau präsentiert hier die Ausstellung „Krakau in der Zeit der Okkupation 1939- 1945" die sich auf die Geschichte der Fabrik und auf das Leben der Bewohner der Stadt in der Zeit der deutschen Besatzung konzentriert. Das Museum für Moderne Kunst sammelt und stellt die Werke der modernen Kunst aus.

Die **Krakauer Hügel**. In Krakau erheben sich vier Hügel – die ältesten von ihnen – Krakus und Wanda – stammen vermutlich aus dem 7. Jh. Der Volksmund erzählt, dass der 16 m hohe Krakus-Hügel in Podgórze die Grabstätte des Begründers von Krakau – des Fürsten Krak ist. 1933–1937 wurde der Hügel von Archäologen untersucht – der oberste Erdkegel wurde abgetragen und eine Öffnung vom Gipfel zum Hügelansatz ausgegraben. Entdeckt wurde damals die innere, verstärkende Konstruktion, die aus Kammern bestand, die aus Weide geflochten waren und strahlenartig von einem Eichenpfahl in der Mitte des Hügels ausgingen. Auf dem Gipfel des 14 m hohen Wanda-Hügels, der Tochter von Krakus, in der Ulica Ujastek wurde 1890 ein steinerner Adler angebracht, den Jan Matejko entworfen hat. Beide Hügel verbindet ein astronomisches Ereignis: zweimal im Jahr, am 2. Mai und 10. August kann man vom Krakus-Hügel die aufgehende Sonne über dem 8 km entfernten Wanda-Hügel beobachten und am 4. November und 6. Februar sieht man vom Wanda-Hügel aus, wie die Sonne hinter dem Krakus-Hügel untergeht.

Die uralten Krakauer Hügel waren eine Inspiration für die Entstehung ähnlicher Denkmäler, die die Nationalhelden ehren – den Aufstandsanführer Tadeusz Kościuszko und den Marschall Józef Piłsudski. Der 34 m hohe Kościuszko-Hügel wurde auf dem Hügel der hl. Bronisława (Al. Waszyngtona) 1823 aufgeschüttet. Den Hügel umgibt eine Befestigung, die während der österreichischen Besatzung entstand. Auf dem Gipfel des Hügels Sowiniec in der Wolski-Heide wurde 1934 mit der Aufschüttung eines Hügel begonnen, der ein Symbol des Unabhängigkeitsbegehrens werden sollte. Als 1935 der Marschall Józef Piłsudski starb, wurde beschlossen, den Hügel mit seinem Namen zu benennen.

Der Kościuszko-Hügel mit der Kapelle der hl. Bronisława

Übersetzung: Małgorzata Behlert